AF495421

BIBLIOTHEQUE NATIONALE

244

Comic sketch with cuts of discovery of America by Columbus & Execution of Queen Mary of Scots.

2d Ex [illegible]

ORBIS TERRARVM
IN
NVCE.
Die Welt
in
einer Nuß.
bey
Christoph Weigeln Kunsthändlern
in Nürnberg.

Le MONDE DANS UNE NOIX

c'est à dire, un

ABREGÉ

De l' Histoire Universelle-Chronologique des Avenemens les plus remarquables du Monde; tres-plaisamment representez par

TABLES, & par FIGURES

en fine taille douce,

Pour les retenir plus aisément dans la memoire.

Traduit de l' Allemand en François, par Ordre d'un Prince.

Par Matthias Cramer, Professeur des Langues Occidentales, & Membre de la Societé des Sciences de Sa Majesté le Roi de Prusse.

Par Christophle Weigel, Graveur, et Imager à Nuremberg, demeurant vis àvis de la Poste imperiale.

Avertissement au Lecteur.

M*On cher Lecteur sera sans doute surpris de voir, & même curieux de savoir ce qui puisse avoir porté l'Auteur de cet Ouvrage à l'intituler:* Le Monde dans une Noix; *mais si Vous en demandez les Personnes de lettres, elles vous diront, qu'il a choisi ce Titre, en faisant allusion à un tres-habile* Maitre-écrivain *parmi les anciens Grecs; & si comme celui-là eut l'Addresse de copier en Caracteres si menües, toute l'* Iliade d'Homere, *que tout ce savant Poëme se pouvoit enclorre dans la* Coque d'une Noix; *ainsi celui-ci eût celle d'enfermer toute l'* Histoire Universelle Chronologique *dans un si* petit Compris, *& si propre à se l'imprimer fermement dans la Memoire.*

Avis
Touchant la Methode, & l'Usage de ce
MONDE dans une NOIX.

I.

A mesure que les Savans ont jugé utile, & méme necessaire à la Jeunesse d'apprendre *l'Histoire Universelle, & Chronologique du monde*, ils se sont addonnez avec soin à inventer des Methodes pour la lui imprimer plus facilement, plus vitement, & plus fermement dans la Memoire.

Les Figures sont un des plus puissans Moiens pour soulager la Memoire de la jeunesse qui apprend l'Histoire universelle.

Or, entre plusieurs autres, ils ont trouvé bon par l'Experience qu'ils en ont faite, que les *Images* ou *Figures* seroient les plus propres, pour lui la faire comprendre fort aisément; ce qu'autrement on ne sauroit faire que de longue main, & avec beaucoup de peine.

Les anciens Germains, ou Allemans étoient persuadez, de ne pouvoir mieux eternifer les Actions heroiques, & les Victoires de leurs braves Ancêtres dans la memoire

moire

moire de la Posterité, qu'en les chantant en *Vers*; d'autant qu'un Recit fait en *Rime*, ou en *Bouts Rimez*, en flattant agreablement l'oreille par la Cadence égale des Mots, en imprime plus profondement les Choses, & en facilite le Souvenir aussi bien, que la Repetition.

Pareillement, les Sages, parmi les Grecs, tâchoient de conserver soigneusement, & méme de renouveller les illustres Exploits de leurs Heros par de vives Representations qu'ils en faisoient en Peinture, dont ils exposoient plusieurs Copies dans les Places publiques, & dans les lieux de leurs Assemblées ordinaires, pour encourager leur jeunesse à marcher sur leurs traces; ce qui faisoit bien souvent plus d'impression sur leurs esprits, que les Chroniques, ou Annales des meilleurs Ecrivains; & cela, par ce qu'elle se plait ordinairement plus à la vuë des Figures, qu'à la lecture des Livres; outre que tout le Monde n'a pas le loisir, ni la capacité de les lire avec jugement, & avec l'attention requise.

II.

Ce, à quoi doit avoir principalement égard celui, qui étudie l'Histoire universelle.

Mais, pour introduire la curieuse Jeunesse dans la Connoissance de l'*Histoire Universelle*, il faut avoir égard à deux Choses principales.

Premierement Qu'elle comprenne bien les principaux Evenemens, arrivez parmi les Nations, & les Peuples les plus renommez, depuis le Comencement du Monde, jusqu'à l'Age où nous en sommes, avec leurs principales Circonstances.

Secondement Qu'elle remarque avec attention les *Tems* pendant les quels ils se sont passez; & comme le Nombre en est presque infini, & n'etant nullement convenable de surcharger la tendre Memoire des jeunes gens à la fois; on n'en a judicieusement choisi que les plus importantes, à fin que les Fondemens s'en puissent poser plus fermement, & en meilleur ordre; la Remarque des Tems où chacun des

Ave-

Avenemens est arrivé, étant ce qui distingue parfaitement une Vraïe *Histoire*, d'avec une *Fable*; de sorte que, plus il nous importe la Certitude d'un Evenement; plus nous en importe-il d'en savoir marquer le *Tems*; ce qu'on ne sauroit faire d'un Conte inventé à plaisir. Mais, come la Remarque d'un si grand nombre d' Années, est la chose la plus difficile pour celui qui étudie l' Histoire; ainsi est-elle aussi la plus ennuïeuse. Il est vrai, qu'on a taché de s'y aider par le moïen des principales *Epoques*: mais la Jeunesse n'y trouvant pas moins de difficulté; l' Etude de l' Histoire en a paru à plusieurs, une Occupation qui donne plus d'ennui, que de plaisir.

III.

Voila donc pourquoi, pour faciliter l' Etude de l' Histoire aux jeunes gens, & pour secourir leur memoire, on a trouvé bon, de leur en représenter un parfait *Abregé*, depuis la Creation du Monde jusqu' aux Tems où nous sommes, par de plaisantes *Tables* & *Figures*, gravées en taille douce, dont l' Usage est le suivant: Pourquoi, & coment ce Monde en une Noix puisse faciliter cet Etude?

Puisqu'il est naturel à la Jeunesse (come on a marqué ci dessus) de se plaire aux Figures, l' Auteur aussi bien, que l' Imprimeur, ont pris la peine, sans regarder à la grosse depense qu'il y alloit, de faire tracer les plus grands Avenemens du Monde par de parfaits Dessineurs, & de les faire tailler en cuivre par les plus fameux Burins de cette Ville.

Or, pour ce qui est de l' *Arrangement* de ces belles *Tables* & *Figures Historiques*, voici l' Ordre qu'on y a tenu; *Premierement*, on a divisé tous les Avenemens du Monde en un Tems de *Six Mille Ans*, par ce qu'il y a, touchant l' Age du Monde, une fort ancienne Tradition, confirmée par l' Autorité des Saints Peres de l' Eglise, que le Monde doit subsister *Deux Mille Ans* avant la Loi; *Deux Mille* sous la Loi, & *Deux Mille* aprés la Loi, ou sous le Messie; si bien que, (1) à cause de ses belles Divisions, & Sou-divisions.

de méme qu' avant la Venuë du Sauveur au Monde, on contoit les Années depuis la *Creation du Monde*, ainsi, en aprés, & à present, on les conte depuis la *Nativité de Jesus Christ*; & non obstant que, dés la Creation, jusqu' à l' Incarnation du Fils de Dieu, il n' y a proprement que 3947. & non pas 4000. Ans accomplis, on a pourtant, pour soulager la memoire, bien voulu se tenir au Nombre rond de *Quatre Mille*.

Outre cela, dans ces *Tables*, chaque *Millenaire* d' années a ses *Sou-Divisions* en *Dix Siecles*, & chaque *Siecle* en dix *Dizaines*, *Decades*, ou *Decenniums*, les quels on a rangé par ordre en Planchettes, ou *petites Figures*, dont il y a *Dix* sur chaque Table.

Suivant ces *Divisions*, & *Sou-Divisions* fort aisées à comprendre, les Figures de tout ce Volume (intitulé pour cela *le Monde dans une Noix*) consistent en *VI. Tables generales*, & en *XXXVIII. Tables speciales*.

Dans les *Premieres*, ou generales, on découvre les Histoires d' un *Millenaire*; & dans les *Secondes*, ou speciales, on apperçoit celles d' un *Siecle*; mais comme les deux premiers Millenaires, faute de Témoins certains, & d' Avis incontestables (si vous en exceptez les Histoires sacrez de la Sainte Ecriture) se trovent bien vuides, il ne faut pas s' étonner, qu'on n'en a point pû former de Tables speciales, suivant ces *dix Siecles* d'un chacun, & que les amples Representations des principaux Avenemens dans le Monde ne se commencent qu' au *troisiéme Millenaire*; du quel on fait en aprés la Continuation selon la Methode suivante:

On a choisi de chaque *Dix Ans* ou *Decennium*, un seul de ses plus illustres Avenemens, & on l' a representé fort vivement par une petite Figure en taille douce; & cela d'une maniere si plaisante, qu'un jeune homme se peut introduire en peu de tems dans la connoissance de *trois Cents, quatre vingts, & sept Histoires* principales du Monde.

IV. Mais

IV.

Mais ce n'eſt pas tout encore; car outre ces Tables, & petites Figures, ſi artiſtement deſſinez, & ſi judicieuſement rangées, il y a d'*autres Adreſſes* tres-avantageuſes pour aider la Memoire des jeunes gens, & pour en obſerver la *Chronologie;* car,

Secondement: Chaque Millenaire a ſes *Marques*, & ſes *Embelliſſemens* particuliers au deſſus de ſon Titre, par les quels il ſe diſtingue des autres: de ſorte qu'au Premier Millenaire il y a des *Fruits de l'Automne*, par ce que Dieu, ſuivant l'opinion la plus commune, a creé le Monde en Automne; au Second, il y a des *Feüilles de Pyrole*; au Troiſiéme, des *Fleurs du Printems*, & au Quatrieme, des *Epis de Blé*. Le Cinquiéme recomence par des *Fruïts de l'Automne*, & le Sixiéme, come le Premier, par la *Pyrole*, qui marque l'*Hyver* du Monde, & la Fin prochaine des Tems. (2) à cauſes des Marques des Millenaires.

V.

En troiſieme lieu: Pour mieux éclaircir, & diſtinguer les Siecles de chaque Millenaire, on a donné aux Figures de chaque Siecle une *Bordure* particuliere, moïennant la quelle ils ſe diſtinguent viſiblement d'avec les precedens auſſi bien qu'avec les ſuivans: par ex.: une Bordure *ronde* marque le *premier* Siecle; une *à deux Pointes*, le *ſecond;* une *à trois Pointes*, le *troiſieme;* & ainſi de ſuite, ſelon le Nombre des *Pointes*, ou *Coins* qu'on voit à la marge de la Figure. (3) à cauſe des Marques des Siecles.

VI.

En Quatrieme lieu: Quoique un jeune homme puiſſe aiſément connoitre le Decennium dans chaque Siecle, pour vû qu'il veüille marquer, en quelle Ligne la Figure s'en trouve ſur la Table d'un Siecle; il y a, par un Surcroît de faci- (4) à cauſe des Marques des Decennium.

cilicité, un petit *Racourci* du Contenu de l' Histoire de chacune de ces petites Figures, à fin qu' un jeune Ecolier n' apprenne par seulement à reciter, moïennant une Dixaine de petites Lignes, ici traduites en françois, *l' Histoire d'un Siecle entier ;* mais aussi, par le moien du Nombre, & de l'Ordre de la dite Ligne, à en marquer, & méme, à en nommer le Decennium.

VII.

(5) à cause des Marques des Années dans les Decenniums.

En Cinquieme lieu : come il n'est pas moins important de savoir la precise Année, quand un Avenement memorable est arrivé, on voit dans la Figure méme, aussi bien, que dans sa *Bordure* certaines Marques, qui denotent les moindres Nombres des Années dans un Decennium ; de sorte que le *Soleil* marque la premiere Année ; un *Oiseau*, la *Seconde :* un *Trepiè, une Piramide*, ou une *Insecte volante*, la *Troisiéme ;* un *Chien*, une *Pierre* quarrée, ou un *Dé*, la *Quatrieme ;* toutes sortes d' *Animaux à longue queüe*, come Chats, Ecureüils, Renards, la *Cinquieme ;* une *Lievre*, ou une *Etoile*, la *Sixiéme ;* une *Tortuë*, ou du *Coquillage*, la *Setiéme ;* des *Serpens*, & de la *Vermine*, *l' Huitiéme ;* toutes sortes de *Fleurs*, la *Neuvieme ;* & des *Boules*, & des *Fruits*, la *Dixiéme*.

VIII.

Eclaircissement des Inscriptions de ces Tables & Figures pour ce qui est des Millenaires.

On auroit pû se contenter en fin des Aides ci-dessus marquées pour soulager la Memoire ; mais, pour animer ces Tables par quelques memorables *Inscriptions*, on a bien voulu mettre au dessus de chacune *deux Mots*, dont le premier marque l' Etat, & la Vie des hommes dans la premiere Moitié de chaque Millenaire ; & le second, de la seconde ; de sorte qu'on leur a imposé divers Surnoms ; par exemple ;

Le *pre-*

Le *premier* Millenaire s' appelle, *l' Ancien*, *& le Rejoüi*, par ceque dans celui là, les Hommes ont atteint le plus grand Age, & se sont rejoüis dans la joüissance de la paix, & d' un profond repos.

Le *second* Millenaire est appellé, *l' Impie* & *le Moüillé*, parce que, dans celui-là, le premier Monde, à cause de son Impieté & Malice extreme, fut noïé dans le Deluge universel.

Le *troisiéme* Millenaire s'appelle, *le Savant*, *& le Labouré*, parceque dans celui-là, l'homme de Dieu, Moïse aussi bien, que quelques Legislateurs païens, ont enseigné beaucoup de bonnes Maximes (*Morales*) aux hommes; & que les Peuples, par leurs frequentes Transmigrations, & Changement de Païs ont, pour parler ainsi, come labouré toute la Terre habitable.

Le *quatrïéme* se nomme, *le Pacifique*, & *Guerroïé*, d' autant que la Paix, & la Guerre y ont merveilleusement alterné, en s' y faisant l' une & l' autre comme tour à tour.

Le *cinquieme*, *le Saint*, & *le Pervers*, par ce que, pendant qu'on y plantoit, & propageoit la sainte Eglise Chrétienne, un grand nombre de Peuples demeura dans son Incredulité, dans sa Corruption, & dans la Perversité de ses moeurs.

Le sixiéme, & dernier, s' appelle, *le Stupide*, & en méme tems *le tres-Savant*, parceque, aprés en avoir banni presque toute l' Ignorance des Siecles precedens, les Arts liberaux, & les Sciences y ont fleuri, & sont montez à un haut degré de perfection.

IX.

Dans les Tables des *Siecles*, on n' a pas usé une moindre Addresse, en donnant à chacun Siecle un Surnom particulier, au quel on le puisse aisément reconnoitre; à savoir: (Eclaircissement des Inscriptions de ces Tables.)

Dans le *Troisiéme* Millenaire.

Pour les Siecles.

Le *premier* Siecle se nomme celui d' *Abraham*, parce-qu' on y raconte son Histoire, & ses Actions.

Le *second*, celui d' *Isaac*, à cause qu'il y a vécu.

Le *trosiéme*, celui de *Jacob*, d' autant que dans celui-là, arriverent bien des Choses, touchant lui, & ses Enfans.

Le *quatriéme*, celui des *Atheniens*, parceque la Ville d' Athenes y a été fondée.

Le *cinquiéme*, celui de *Moïse*, qui dans ce tems là fut le grand General, & Conducteur du Peuple juif dans le Desert.

Le *sixiéme*, celui des *Juges*, sous le Gouvernement des quels, le Peuple d' Israel vivoit alors.

Le *setiéme*, celui des *Navigateurs*, *ou Nochers*, ainsi appelléz de ces fameux Argonautes, qui ont amené de la Colchide, la Toison d'or.

L' *huitiéme*, celui des *Troïens*, parceque dans celui-là, la Guerre, & le Siege de Troïe se fit.

Le *neuviéme*, celui des *Latins*, à cause du Roïaume qui s' y établit dans le Latium, le Païs latin.

Le *dixiéme*, celui de *Salomon*, le quel étoit le plus sage, & le plus riche Roi qui fut alors au Monde.

Dans le *quatriéme* Millenaire.

Le *premier* Siecle, s' appelle celui d' *Elie*, dont l' Esprit, le Zele, & la Vertu glorifioit alors l' Honneur de Dieu, parmi les Israëlites.

Le *second*, celui des *Vainqueurs aux Jeux publics*, parceque les Jeux Olimpiques dans la Grece prirent alors leur commencement.

Le *troisiéme*, celui des *Romains*, les quels, sous leurs Rois, comencerent alors à croitre en puissance, & en renommée.

Le *qua-*

Le *quatriéme*, celui des *ſept Sages*, qui ſurent celebres alors dans la méme Grece.

Le *cinquiéme*, celui des *Romains*, dont la Monarchie dans ces tems-là, étoit monté à un haut degré de Grandeur.

Le *ſixiéme*, celui des *Villes Libres*, ou Republiques, dont alors en floriſſoient pluſieurs en Grece.

Le *ſetiéme* celui des *Grecs*, à cauſe de la Monarchie gréque, fondée par Alexandre le Grand.

Le *huitiéme*, celui des *Africains* pour les ſanglantes Guerres, que les Romains y firent contre les Carthaginois en Afrique.

Le *neuviéme*, celui des *Maccabées*, par le moïen des quels, Dieu donna ce puiſſant Secours aux Juifs, oppreſſez de leurs ennemis.

Le *dixiéme*, celui des *Turbulens*, parceque la Diſcorde inteſtine, ou civile des Romains, devenus trop puiſſans, excita bien des Troubles dans le Monde.

Dans le *premier* Millenaire, aprés la Nativité de *JEſus CHriſt*.

Le *premier* Siecle s' appelle celui des *Apôtres*, les quels, dés alors, ſe ſeparerent pour aller par tout le Monde, annoncer l'Evangile, & la Doctrine ſalutaire de leur Seigneur, & Maitre JEſus CHriſt.

Le *ſeconde*, celui des *Saints*, à cauſe de la grande, & éclatante Sainteté des premiers Chrétiens.

Le *troiſiéme*, celui des *Martirs*, parceque dans celui-là, les Perſecutions païennes firent le plus rage.

Le *quatriéme*, celui des *Arriers* qui par leur tres pernicieuſe Hereſie affligerent alors d'une étrange maniere l'Egliſe orthodoxe.

Le *cinquiéme*, celui des *Francs*, les quels fonderent alors un nouveau Roïaume dans les Gaules.

Le *sixiéme*, celui des *Goths*, qui en fonderent un autre en Italie.

Le *setiéme*, celui des *Longobards*, qui s' y établirent aussi.

L' *huitiéme*, celui des *Germains*, ou *Allemands*, qui se signalerent, & rendirent celebres alors.

Le *neuviéme*, celui des *Charle*, à cause de la grande Reputation, où étoient en ces tems-là la Famille imperiale des Charles.

Le *dixiéme*, celui des *Ottons*; par ce qu'en celui là, trois Ottons, de la famille des Saxons, ont regné en qualité d' Empereurs Romains de la race allemande.

Dans le *Second* Millenaite, aprés la Nativité de JEsus Christ.

Le *premier* Siecle s' appelle celui des *Henris*, à cause que dans celui-là en ont vécu trois de ce Nom, & Allemans de nation, qui ont eté Empereurs Romains.

Le *secondiéme*, celui des *Suabes*, car dans ces tems-là, la Famille Suaboise de Hohenstauf est montée sur le Throne imperial.

Le *troisiéme*, celui des *Autrichiens*, par ce que c'est dans ce Siecle-là, que cette Maison s' aggrandit.

Le *quatriéme*, celui des *Bohemiens*; d' autant que les Rois de Boheme étoient alors en grande Reputation.

Le *cinquiéme*, celui des *Turcs*, les quels en ces tems-là se nicherent dans l' Europe, & conquirent l' Empire Grec, ou celui de l' Orient.

Le *sixiéme*, celui des *Savans*, parceque l' Erudition florissoit alors.

Le *setiéme*, celui des *Politiques*, ou *Statistes*, d' autant que dans celui-là vécurent ces grands Politiques, *Richelieu, Mazzarin & Cromvvel*, qui causerent de grandes Revolutions en Europe.

L' hui-

L'*huitiéme*, celui des *Soldats*, les quels, dés son Commencement, firent leur plus grande fortune dans les Guerres, presque continuelles, qu'on y faisoit ça & là.

X.

Touchant les Medailles imprimées, qu'on y a ajoutées.

Pour assigner aux Siecles des *derniers quatre Millenaires*, une *Marque particuliere*, on a ajouté à chacun une *Medaille*, qui represente le vif *Portrait* d'un grand Homme, & tres-celebre de son tems; de la Vie, & des Actions illustres du quel, un Informateur pourra faire un ample Recit à son Disciple. Il y en a *trente huit*, imprimées sur *quatre Tables* particulieres. La *premiere* de ces Tables doit etre rangé aprés le Dixiéme Siecle du *Troisiéme* Millenaire; la *Seconde*, apres celui du *Quatriéme* depuis le *Monde crée*, la *Troisiéme*, aprés le *Dixiéme* Siecle du *Premier* Millenaire, depuis la *Nativité* de Jesus Christ, & la Quatriéme; aprés l' Huitiéme du Second.

XI.

De l' Enluminûre de ces Tables.

Pour faire tant mieux tomber tout ceci dans la vuë à un jeune homme, & pour lui faire distinguer les Millenaires d'abord, on a pris la peine de les enluminer, & de les caracteriser par là differemment; de sorte que

Le *Premier Millenaire* est enluminé de *Rouge*.
Le *second*, de *Bleu*.
Le *troisiéme*, de *Verd*.
Le *quatriéme*, de *Jaune*;

mais, come aprés la Nativité de JEsus Christ, les *deux* derniers *Millenaires* ont au dessus de leurs Titres, les mémes Embellissemens, ainsi ont-ils aussi les mémes Enluminûres, à savoir

Le *Premier* en est *Rouge*; &
Le *Second* & dernier en est *Bleu*.

De sorte qu'un jeune homme les doit discerner fort aisément, & se les figurer, suivant ces *quatre* Couleurs.

XII.

En combien de Manieres on puisse se servir de ces Tables historiques & chronologiques.

Touchant le bon Usage de ces plaisantes Tables Historiques & Chronologiques, on peut s'en servir en *trois* Manieres suivantes:

Premierement, en forme d'un *Livre* en quarto, de 48 Feüilles, si vous en exceptez celle du Titre.

Secondement, On les a imprimé toutes sur cinq Feüilles de grand Papier. La *premiere* Feuille contient la Table titulaire, les six Tables generales des six Millenaires; & les deux Tables de Medailles du troisiéme & quatriéme Millenaire. La *seconde* Feüille represente le troisiéme Millenaire, suivant les Tables speciales des dix Siecles. La *troisiéme* propose le quatriéme Millenaire de la méme maniere. La *quatriéme* fait voir l'Histoire du premier Millenaire aprés la Nativité de JEsus Christ; & la *cinquiéme*, le second Millenaire, où nous vivons, avec les deux autres Tables de Medailles qui restent pour les deux derniers Millenaires.

Or, on peut relier ces cinq Feüilles ensemble en forme de Cartes Geographiques; ou bien, en faire coller chacune à part sur un morceau de toile, ou de carton; & les pendre dans sa Chambre & s'en servir à plaisir.

En troisiéme lieu, On peut reduire fort aisément toutes ces cinq Feüilles en *une seule Table*, en la maniere suivante: On en coupe la premiere, & on colle sur une toile les Tables generales des six Millenaires, suivant leur rang; & en aprés, les Tables des Medailles; ce qui formera le *premier* Rang; au dessous du quel on rangera les Tables speciales des Siecles du troisiéme Millenaire; de sorte, qu'on coupe la seconde grande Feüille, & qu'on attache le sixiéme Siecle au cinquieme; ce qui formera le *second* Rang. Avec la troisieme, quatriéme & cinquieme Feüille, on en usera de méme, en joignant le troisiéme, quatriéme & cinquiéme Rang come il faut, ensemble; si bien que, dans

dans une de ces grandes Tables, ainsi composées, & publiquement affigées dans une Ecole, ou Auditoire, un jeune Etudiant pourroit regarder d'un clin d'oeil les principaux Avenemens de tout le Monde, de méme que dans une Carte geographique universelle. On remet pourtant au bon plaisir d'un chacun, en quelle maniere il veuille se servir de ce *Monde dans une Noix*; puisqu'en chacune de ces *trois sortes* de Formes on les pourra avoir à Nuremberg chez le Sieur *Weigel*, qui en est le Graveur, & l'Imprimeur tout ensemble

XIII.

Coment on pourroit instruire un jeune homme, à s'y bien prendre.

Quoi-qu'on n'auroit que faire, d'instruire un sage & discret Informateur, en quelle maniere, suivant ces Tables, il pourroit introduire un jeune homme dans la connoissance de l'Histoire universelle; toute l'Addresse en étant deja suffisamment, &, à mon avis, assez clairement expliquée ci-dessus; on n'a pas voulu manquer neanmoins de l'avertir, que suivant la dite Metode, il ne sauroit s'y prendre mieux, que de lui faire comprendre d'abord, toutes les *Divisions* & *Sou-Divisions* de cette *Histoire Chronologique* par *Tables & Figures*; & de lui faire observer toutes les *Marques memoriales*, qui les distinguent.

Aprés cela, il comencera à passer avec son Disciple, un *Millenaire* aprés l'autre, d'une maniere divertissante en lui éclaircissant chaque petite Figure (si c'est une Histoire) avec ses Circonstances principales; & pour lui faire tant mieux se ressouvenir de ce qu'on lui en a dit deja, on pourra lui faire apprendre par coeur, mais doucement, & come en joüant, quelque dix Dixaines, ou un Centon de Titres, & Souscriptions des Figures d'un Millenaire, selon le meme Ordre qu'elles s'entresuivent.

Aprés avoir achevé ainsi un Millenaire, l'Informateur exhortera son Disciple, de regarder attentivement les Figures, & de lui proposer les Doutes qu'il puisse avoir sur ce qu'il qu'il n'a pas encore bien entendu ; & à fin que le Maitre puisse mieux observer, s' il a bien compris & retenu ce qu'il lui aura appris dans l' Histoire, il pourra l' examiner suivant les dites Figures; & en cas qu'il s' abusât, sur tout, dans le nombre de l' An, il l' avertira serieusement de vouloir plus attentitement observer les Marques qui en representent les Millenaires aussi bien que les Siecles, les Decenniums, & même les simples Nombres des Années ; & il l' y exercera sans cesse, jusqu' à ce qu'il s' y soit enfin pleinement affermi.

Mais pour ce qui est des autres memorables Avenémens, qui se soient passez en un Siecle, sans les avoir pû faire venir sur les rangs, pour en eviter la prolixité; ils pourront fort aisément étre inserez dans leurs Decenniums; & pourrvû qu'un jeune hommeait bien compris auparavant cequ'on lui a depeint; il ne trouvera guere de difficulté à en remarquer le reste, & à rapporter méme, moiennant ce *Monde dans une Noix*, ce qu'il en aura appris de plus dans l' Histoire, à son juste Tems, & à sa vraïe Année.

XIV.

Au reste, je ne suis pas d' humeur de m' élargir davantage sur les eloges de cet *Ouvrage Historique par Figures*, aïant appris par l' experience, le grand, & le visible Profit, que la Jeunesse en a tiré jusqu' à present; & cela méme en fort peu de tems. Il est certain au moins, que jamais Methode, ni Introduction dans l' *Histoire Universelle* n' a eutant d' avantages pour le soulagement de la Memoire, au prix de celle qu'on propose ici ; de sorte, que ce n'est pas sans sujet qu'on a bien voulu lui donner pour Titre: *Le Monde dans une Noix* ; & quelque racourcie, & restreinte qu'elle puisse étre, ou paroitre à quelqu'un; ce n'est pourtant un seul Savant, qui a travaillé à son Invention aussi bien, qu' à sa juste Disposition.

Le

Le Premier Plan, en a tracé, il y a deja 50 ans, Monsieur Erhard *Weigel*, tres-celebre Professeur dans les Mathematiques à l' Université de Jene en Saxe; & pour ce qui est de sa Poursuite, & son Achevement, on le doit aux soins, & à l' industrie de Monsieur *Gregoire André Smid*, Docteur en Droit, & Advocat Consultant de la Ville Libre Imperiale, & Republique de Nuremberg; mais, come aprés sa mort, ce sucint Ouvrage aussi bien, que le But qu'il s' y étoit proposé, pour le Bien de la Jeunesse, alloit étre interrompu, &, pour ainsi dire, ancanti par une Edition de beaucoup plus ample & étenduë de Figures en folio, qui parut alors, feu Monsieur *Samuel Faber*, Professeur des Humanitez fort celebre, & tres-digne Recteur de l' Illustre Gimnase de S. Egide à Nuremberg, l' a enfin rétabli, renouvellé, & en a méme éclairci les Tables, & leurs Figures de fort ingenieuses *In-* & *Soûscriptions* en Latin, en y ajoutant l' Allemand en Bouts rimez.

Puis donc, que trois si savans Hommes y ont travaillé, & qu' ils s'en sont acquis du merite, & l'estime du Public; je n'ai pas voulu non plus refuser d'en entreprendre la Revuë, pour en former une *Edition nouvelle*, & l' exacte Correction des fautes qui s' étoient glissées dans la premiere.

On pourroit opposer, peut étre, que ces petits Amusemens ne conviennent guere á un Professeur public des Histoires, au quel il séeroit bien mieux de s' occuper à des Sujets plus graves, & plus serieux; mais je suis d'avis, que, quand on se serviroit un peu mieux qu'on ne fait, de la *Prudence didactique* dans les Prelections de l' Histoire à ceux qui l' étudient aux Universitez, tout y iroit bien mieux encore; tant il est vrai qu', *a teneris assuescere multum est*; & si come de grands, & fameux Mathematiciens n'ont pas jugé chose indigne d'eux, que d' écrire des *Matheses juveniles*, tant moins ai-je dû balancer de servir la studieuse Jeunesse dans ce qui concerne les *Ele-*

C *mens*

mens Historiques. Je souhaite seulement, qu'elle veüille bien en profiter, moïennant la Grace, & la Benediction du Seigneur, Je suis &c.

Altorf ce 8. d' Auril 1722.

Jean David Köhler,
Professeur public des Histoires, & des Politiques, à l' Université d' Altorf; & Bibliothecaire.

Avis.

Sachez, mes tres - chers Lecteurs, que les Inscriptions allemandes come aussi les Soûscriptions en Bouts - rimez - allemans, que vous voiez au dessus de ces *Tables* en taille douce, & au dessous de leurs petites *Figures*, n'ont eté faites que pour les Allemans, & pour ceux qui l'entendent; pour les autres, tout est clairement expliqué en Latin aussi bien, qu'en François; & le sera, s'il plait à Dieu, en Flamand, &, peut etre, en Italien, & en Espagnol.

Le Traducteur.

MILLENARIUS ANTIQUUS & DELECTATUS.

MILLENARII PRIMI, SECULA DECEM,

ab Orbe condito.

Le Millenaire Ancien, & Delecté.

Du Millenaire Premier, Les Siecles Dix,

Depuis la Creation du Monde.

1. Orbis Conditus.	*1. Le Monde créé.*
2. Fuga Caini.	*2. La Fuite de Caïn.*
3. Enosi Nativitas.	*3. La Naissance d'Enos.*
4. Urbium prima Hanoch.	*4. Henoch, la premiere des Villes.*
5. Piorum Instituta.	*5. La Conduite des Pieux.*
6. Impiorum vivendi Ratio.	*6. La tres-méchante Vie des Impies.*
7. Studia Hanochi.	*7. Les Etudes de Henoch.*
8. Inventa Impiorum.	*8. Les diverses Inventions des Impies.*
9. Lamechi Sethitæ Nativitas.	*9. La Naissance de Lamech Sethite.*
10. Adami Obitus.	*10. La Mort d'Adam.*

MILLENARIUS IMPIUS, & INUNDATVS.

MILLENARII SECUNDI, SECULA DECEM.

Ab Orbe condito.

Le Millenaire Impie, & Inondé.

Du Millenaire Second, Les Siecles Dix.

Depuis la Creation du Monde.

1. Funus Sethi.	*1. Les Funerailles de Seth.*
2. Sepultura Enosi.	*2. L' Enterrement d' Enos.*
3. Nuptiæ Piorum, & Impiorum	*3. Les Alliances charnelles des Pieux avec les Impies.*
4. Origo Tyrannorum.	*4. L'Origine des Tirans.*
5. Lascivia ante Diluvium.	*5. Les Lascivetez avant le Deluge.*
6. Noé Præco Justitiæ.	*6. Noë, Heraut de Justice.*
7. Diluvium universale.	*7. Le Deluge universel.*
8. Turris Babylonica.	*8. La Tour de Babel.*
9. Imperii Babylonici initia.	*9. Les Comencemens de l' Empire de Babel.*
10. Ninus interfectus.	*10. Ninus est massacré.*

MILLENARIUS DOCTRINA PLENUS & PERARATUS.

MILLENARII TERTII SECULA DECEM

Ab Orbe condito.

Le Millenaire plein de Doctrine & Labouré.

Du Millenaire Troisiéme Les Siecles Dix,

Depuis la Creation du Monde.

1. Cædes Semiramidis.	*1. Semiramis massacré.*
2. Esauus, & Jacobus, Gemelli.	*2. Naissance d'Esau, & de Jacob Jumeaux.*
3. Discessus Jacobi à Labano.	*3. Le Depart de Jacob de chez Laban.*
4. Josephi Obitus.	*4. Le Trépas de Joseph.*
5. Josuæ Nativitas.	*5. La Naissance de Josué.*
6. Fœderis Renovati Monumentum.	*6. Josue dresse le Monnment de l'Alliance renouvellée.*
7. Troja, à Troe condita.	*7. La Fondation de Troie par Tros.*
8. Abimelech Fratricida.	*8. Abimelech tüe ses Freres.*
9. Simson ludens perit.	*9. Samson perit en joüant.*
10. Coloniæ Ionum in Asia.	*10. Les Colonies des Iones en Asie.*

I. SECULUM ABRAHAMI.
MILLENARII III. SECULUM I.

I. Le Siecle d' Abraham.
Du Millenaire III. Le Siecle I.

1. Cædes Semiramidis.
2. Osiris obtruncatur.
3. Vocatio Abrahami.
4. Fuga Hagaris.
5. Saræ Risus.
6. Ismael illudit Isaaco.
7. Immolatio Isaaci.
8. Abrahamus Pater Gentium.
9. Rebecca domum ducitur.
10. Regnum Archivorum.

1. *Le Massacre de Semiramis.*
2. *Osiris, taillé en pieces.*
3. *La Vocation d' Abraham.*
4. *La Fuite de Hagar.*
5. *Le Ris de Sara.*
6. *Ismaël se moque d' Isaac.*
7. *Immolation d' Isaac.*
8. *Abraham , Pere des Gents.*
9. *Rebecca devient Epouse.*
10. *Le Regne des Archives.*

II. SECULUM ISAACI.
MILLENARII III. SECULUM II.

II. Le Siecle d' Isaac.
Du Millenaire III. Le Siecle II.

1. Esauus, & Jacobus, Gemelli.
2. Abrahamus Filiis prospicit.
3. Abrahamus moritur.
4. Rebecca, ab Abimelech petita.
5. Phoroneus, primus Legislator.
6. Semi Vitæ exitus.
7. Diluvium Ogygyanum.
8. Mors Ismaëlis.
9. Isaacus benedicit Jacobo.
10. Jacobus servit Labano.

1. *Esau & Jacob Jumeaux.*
2. *Abraham apanage ses Enfans.*
3. *Abraham meurt.*
4. *Rebecca , recherchée d' Abimelech.*
5. *Phoroneus, le Premier Legislateur.*
6. *Sem acheve sa Course.*
7. *Le Deluge d' Ogyge.*
8. *Le Trépas d' Ismaël.*
9. *Isaac benit son fils Jacob.*
10. *Jacob en Condition chez Laban.*

III. SECULUM JACOBI.
MILLENARII III. SECULUM III.
III. Le Siecle de Jacob.
Du Millenaire III. Le Siecle III.

1. Discessus Jacobi à Labano.	1. *Le depart de Jacob de chez Laban*
2. Dina Stuprata.	2. *Le Violement de Dina.*
3. Castitas Josephi.	3. *La Continence de Joseph.*
4. Migratio Jacobi in Ægiptum.	4. *La Descente de Jacob en Egypte.*
5. Ino in Vaccam mutata.	5. *La Transformation d' Ino en Vache.*
6. Obitus Jacobi.	6. *La Mort de Jacob.*
7. Argus Agriculturæ Doctor.	7. *Argus enseigne l' Agriculture.*
8. Sparta condita.	8. *La Fondation de Sparte.*
9. Orthopolis à Cerere lactatus.	9. *Orthopolis nourri par Ceres.*
10. Piranthis, prima Junonis Sacerdos.	10. *Piranthis premiere Prétresse de Junon.*

IV. SECULUM ATHENIENSIUM.
MILLENARII III. SECULUM IV.
IV. Le Siecle des Atheniens.
Du Millenaire III. Le Siecle IV.

1. Obitus Josephi.	1. *Le Trépas de Joseph.*
2. Jobus, Patientiæ Exemplum.	2. *Job Exemple de Patience.*
3. Oenotri in Italiam Adventus.	3. *L' Arrivée d' Oenotrus en Italie.*
4. Servitus Jsraëlitarum in Ægipto.	4. *L' Esclavage des Israëlites en Egipte.*
5. Prometheus, & Atlas.	5. *Prometheus & Atlas.*
6. Æthiopes Ægiptum invadunt.	6. *Les Etiopiens envahissent l' Egipte.*
7. Scytharum Vitæ instituta.	7. *Maniere de vivre, parmi les Scythes.*
8. Moyses infans servatur.	8. *L' Enfant Moyse est sauvé.*
9. Statua Memnonis resonans.	9. *La Statuë de Memnon resonnante.*
10. Cecrops I. Atheniensium Rex.	10. *Cecrops I. Roi des Atheniens.*

V. SECULUM MOYSIS.
MILLENARII III. SECULUM V.

V. Le Siecle de Moïse.
Du Millenaire III. Le Siecle V.

1. Josuæ Nativitas.	1. *Naissance de Josué.*
2. Moyses apud Socerum.	2. *Moyse en condition chez son Beau-pere.*
3. Reparatio Generis humani, jactu Lapidum.	3. *Reparation du Genre humain par le Jet de pierres.*
4. Dardani & Bateæ Conjugium.	4. *Le Mariage de Dardanus avec Batea.*
5. Attica, ab Attide dicta.	5. *L'Attique tire son origine d'Athis.*
6. Exitus Israëlitarum ex Ægipto.	6. *La Sortie des Israëlites hors de l'Egipte.*
7. Erichtonius, Vehiculorum Inventor.	7. *Erichtonius Inventeur des Chariots.*
8. Danaus, Argivorum Rex.	8. *Danaus Roi des Argives.*
9. Josue à Moyse substitutus.	9. *Moyse substituë Josué à sa place.*
10. Canaan Sorte divisa.	10. *Canaan partagé par sorts.*

VI. SECULUM JUDICUM
MILLENARII III. SECULUM VI.

IV. Le Siecle des Juges.
Du Millenaire III. Le Siecle VI.

1. Fœderis renovati Monumentum.	1. *Monument de l'Alliance renouvellée.*
2. Othoniel, Judex Israel primus.	2. *Othoniel, le premier Juge d'Israël.*
3. Cadmus in Græciam venit.	3. *Cadmus vient en Grece.*
4. Labyrinthus Minois.	4. *Le Labyrinthe de Minos.*
5. Tereus vescitur Filio.	5. *Tereus mange son propre Fils.*
6. Eglon trucidatus.	6. *Eglon massacré.*
7. Phrixi, & Helle Transfretatio.	7. *Le Passage de la Mer, de Phrixus, & de Helle.*
8. Ganymedis Raptus.	8. *Le Rapt de Ganimede.*
9. Tantali impium Experimentum.	9. *L'impie Experiment de Tantale.*
10. Pelopis fausta Aurigatio.	10. *L'heureux Chariage de Pelops.*

VII. SECULUM ARGONAUTARUM.

MILLENARII III. SECVLVM VII.

VII. Le Siecle des Argonautes.

Du Millenaire III. Le Siecle VII.

1. Troja, à Troe condita.	1. *La Ville de Troïe fondée par Tros.*
2. Perseus liberat Andromedam.	2. *Perseus delivre Andromede.*
3. Perseus Acrisium imprudenter interimit.	3. *Perseus tuë Acrisius par mégarde.*
4. Deboræ Dominatus.	4. *Debore gouverne le Peuple Juif en chef.*
5. Janus, & Saturnus in Latio.	5. *Janus & Saturne au Païs latin.*
6. Jaëlis heroicum Facinus.	6. *Action heroique de Jaël.*
7. Oedipus suspensus.	7. *Edipe pendu.*
8. Vocatio Gedeonis.	8. *Vocation de Gedeon.*
9. Argonautarum Expeditio.	9. *Expedition navale des Argonautes.*
10. Atrei infandæ Epulæ.	10. *Les Mets cruels d' Atreus.*

VIII. SECULUM TROJANORUM.

MILLENARII III. SECVLVM VIII.

VIII. Le Siecle des Troïens

Du Millenaire III. Le Siecle VIII.

1. Abimelech Fratricida.	1. *Abimelech fait tuer ses Freres.*
2. Troja, ab Hercule capta.	2. *Troïe, prise par Hercule.*
3. Thesei Reditus.	3. *Le Retour de Theseus.*
4. Jair, & Filii ejus triginta.	4. *Jair juge Israel avec ses trente Fils.*
5. Judicium Paridis.	5. *Jugement du Berger Paris.*
6. Votum Jephthæ.	6. *Le Voeu de Jephta.*
7. Excidium Trojæ.	7. *Le Renversement de Troïe.*
8. Ulysses à Suis agnitus.	8. *Ulisse est le reconnu des siens.*
9. Samson Leonem discerpit.	9. *Samson dechire un Lion.*
10. Alba-longa condita.	10. *Fondation d' Albe longue.*

SECULUM LATINORUM.
MILLENARII III. SECVLVM IX.

IX. Le Siecle des Latins.
Du Millenaire III. Le Siecle IX.

1. Samson ludens perit.	1. *Samson perit en joüant.*
2. Hanna, non ebria.	2. *Hanne, crüe prise de vin, n'est nullement.*
3. Vocatio Samuelis.	3. *Vocation de Samuël.*
4. Orestes à Filiis tumulatur.	4. *Orestes est enterré par ses Fils.*
5. Eurysthenes, natu-major.	5. *Euristhene fille ainée.*
6. Casus Heli.	6. *Heli, en tombant se casse le coû.*
7. Samuelis Reformatio.	7. *Reformation religieuse faite par Samuel.*
8. Saul Regnum invenit.	8. *Saul trouve la Roïauté.*
9. Codrus pro patria moritur.	9. *Codrus meurt pour la patrie.*
10. David Monte Sion potitur.	10. *David emporte la Forteresse du Mont Sion.*

X. SECULUM SALOMONIS.
MILLENARII III. SECVLVM X.

X. Le Siecle de Salomon.
Du Millenaire III. Le Siecle X.

1. Ionum in Asia Coloniæ.	1. *Les Colonies des Ioniens en Asie.*
2. Davidis Exilium.	2. *L' Exile de David.*
3. Salomon Rex.	3. *Salomon Roi.*
4. Dedicatio Templi Salomonis.	4. *La Dedicace du Temple de Salomon.*
5. Fœdus inter Salomonem & Hiram.	5. *Alliance de Salomon avec Hiram.*
6. Salomonis senis Superstitio.	6. *La Superstition de Salomon en sa vieillesse.*
7. Consilia Seniorum spreta.	7. *Les Conseils des Vieillards méprisez.*
8. Expilatio Templi Hierosolimitani.	8. *Le Pillage du Temple de Jerusalem.*
9. Ahias Vates.	9. *Ahias Prophete.*
10. Familia Jeroboami perit.	10. *La Famille de Jeroboam perit.*

MILLENARIVS PACIFICVS, & OPPVGNATVS.

MILLENARII QVARTI, SECVLA DECEM.

Ab Orbe condito.

Millenaire Pacifique, & Oppugné.

Du Millenaire Quatriéme, Les Siecles Dix.

Depuis la Creation du Monde.

1. Assæ de Æthiopibus Victoria.	1. *La Victoire du Roi Assa sur les Ethiopiens.*
2. Elisæ Novissima.	2. *Les dernieres Heures d'Elisée.*
3. Impietas Ahæ.	3. *Les Impietez d'Ahas.*
4. Ammon occisus.	4. *Ammon massacré.*
5. Crœsus in Rogo servatus.	5. *Cresus conservé sur un Bucher allumé.*
6. Historiæ Præmium.	6. *La Recompense de l'Histoire.*
7. Belli sacri Finis.	7. *La Fin de la Guerre sacrée.*
8. Atrox Reguli Supplicium.	8. *Le cruel Supplice de Regulus.*
9. Carthago, & Corinthus deletæ.	9. *Les Villes de Carthago, & de Corinthe ruinées.*
10. Cædes Julii Cæsaris.	10. *Le Massacre de Jules Cesar.*

I. SECVLVM ELIÆ.
MILLENARII IV. SECVLVM I.

I. Le Siecle d' Elie.
Du Millenaire IV. Le Siecle I.

1. Assæ de Æthiopibus Victoria.
2. Simri se cremat.
3. Iesabel, Fax Impietatis.
4. Josaphat restaurat Sacra.
5. Achabi Interitus.
6. Jorami Mors.
7. Carthago condita.
8. Sardanapali Mollities.
9. Lycurgus Legislator.
10. Zacharias Martyr.

1. *La Victoire du Roi Assa sur les Etiopiens.*
2. *Simri se brûle soi-méme.*
3. *Les Impietez de Jezabel.*
4. *Josaphat reforme la Discipline ecclesiastique.*
5. *La Fin tragique d'Achab.*
6. *La Mort de Joram.*
7. *La Fondation de Carthage.*
8. *La Molesse de Sardanapale.*
9. *Lycurgus Legislateur.*
10. *Zacharie est lapidé.*

II. SECVLVM VICTORVM IN LVDIS.
MILLENARII IV. SECVLVM II.

II. Le Siecle des Vainqueurs aux Jeux publics.
Du Millenaire IV. Le Siecle II.

1. Elisæ Novissima.
2. Amasias, à Joa captus.
3. Funus Amaziæ.
4. Caranus, Rex Macedonum.
5. Joël Vates.
6. Hesiodus Poeta.
7. Romulus & Remus cum Lupa.
8. Olympiadum initium.
9. Usias leprosus.
10. Roma condita.

1. *Les dernieres Heures d'Elisée.*
2. *Amasias fait prisonnier de guerre par Joas.*
3. *Les Funerailles d'Amazias.*
4. *Caranus Roi des Macedoniens.*
5. *Le Prophete Joël.*
6. *Le Poëte Hesiodus.*
7. *Une Louve nourrit Romulus, &c.*
8. *Les jeux Olimpiades commencent.*
9. *Usias devient lepreux.*
10. *La Ville de Rome est fondée.*

III. SECVLVM ROMANORVM.

MILLENARII IV. SECVLVM III.

III. Le Siecle des Romains.

Du Millenaire IV. Le Siecle III.

1. Ahæ Impietas.	1. *Les Impietez d'Ahas.*
2. Bellum Messeniacum I.	2. *La Guerre des Messeniaciens I.*
3. Deportatio decem Tribuum Assyriaca.	3. *Dix Tribus d'Israël transportez en Assirie.*
4. Exercitus Sennacherib extinctus.	4. *La Defaite de l'Armée de Sennacherib*
5. Numa & Egeria.	5. *Numa, & Egeria.*
6. Manassis Captivitas.	6. *La Captivité de Manasse.*
7. Dejoces, Rex Medorum.	7. *Dejoces, Roi des Medes.*
8. Zaleucus Locrensium Legislator.	8. *Zaleucus Legislateur des Locriens.*
9. Finis Belli secundi Messeniaci.	9. *La fin de la seconde Guerre des Messeniaciens.*
10. Pugna Tergeminorum.	10. *Le Combat des Tergeminiens.*

IV. SECVLVM SEPTEM SAPIENTVM.

MILLENARII IV. SECVLVM IV.

IV. Le Siecle des Sept Sages.

Du Millenaire IV. Le Siecle IV.

1. Ammon cæsus.	1. *Ammon defait, & massacré.*
2. Periander, & Arion.	2. *Periandre, & Arion.*
3. Lex, à Josiâ reperta.	3. *La Loi, retrouvée par Josias.*
4. Scytharum Clades.	4. *La Defaite des Scythes.*
5. Jechonias abducitur in Babylonem.	5. *Jechonias transporté en Babilonne.*
6. Cyrus expositus.	6. *Cyrus enfant, exposé.*
7. Excidium Hierosolymitanum.	7. *La Destruction de Jerusalem.*
8. Census, à Servio Rege institutus.	8. *Le Tribut, imposé par le Roi Servius.*
9. Pisistrati Tirannis, Athenis.	9. *La Tirannie de Pisistratus à Athenes.*
10. Cyri Initia.	10. *Les Commencemens de Cyrus.*

V. SECULUM PERSARUM
MILLENARII IV. SECULUM V.

V. Le Siecle des Perses.
Du Millenaire IV. Le Siecle V.

1. Crœsus in Rogo servatur.	1. *Cresus est conservé dans un Bucher allumé.*
2. Solutio Captivitatis Babylonicæ.	2. *Relachement de la Captivité de Babylonne.*
3. Cambyses potitur Ægipto.	3. *Cambyses conquiert l'Egipte.*
4. Darius, hinnitu Equi, Rex.	4. *Darius acclamé Roi, à l'hennissement de son Cheval.*
5. Regifugium Romæ.	5. *La Fuite du Roi Tarquinius de Rome.*
6. Pugna Marathonia.	6. *Battaille proche de Marathonia.*
7. Lascivia Legatorum punita.	7. *La Debauche des Ambassadeurs punie.*
8. Xerxis Transitus in Græciam.	8. *Le Passage de Xerxes en Grece.*
9. Assverus, & Esther.	9. *Assuerus & Esther.*
10. Leges XII. Tabularum.	10. *Les Lois des XII. Tables.*

VI. SECULUM RERUMPUBLICARUM.
MILLENARII IV. SECULUM VI.

VI. Le Siecle des Republiques.
Du Millenaire IV. Le Siecle VI.

1. Historiæ Præmium.	1. *La Recompense de l'Histoire.*
2. Belli Peloponensiaci Autor.	2. *Le Boute-feu de la Guerre, dans le Peloponese.*
3. Sogdiani Supplicium.	3. *Le cruel Supplice de Sogdianus.*
4. Encænia Templi secundi.	4. *La Dedicace du Second Temple.*
5. Cyrus minor cæsus.	5. *Le petit Cyrus battu & tüé.*
6. Socrates Cicutam bibit.	6. *Socrate avalle la Ciguë.*
7. Roma, à Gallis capta.	7. *Rome, prise par les Gaulois.*
8. Scedasii Filiæ vitiatæ.	8. *Les Filles de Scedasius violées.*
9. Ochi Crudelitas.	9. *La Cruauté d'Ochus.*
10. Alexander Magnus nascitur.	10. *La Naissance d'Alexandre le Grand.*

VII. SECULUM GRÆCORUM.
MILLENARII IV. SECULUM VII.

VII. Le Siecle des Grecs.
Du Millenaire IV. Le Siecle VII.

1. Finis Belli sacri.	1. *La Fin de la Guerre sacrée.*
2. Darius, à Besso peremtus.	2. *Darius est tué par Bessus.*
3. Mors Alexandri Magni.	3. *La Mort d'Alexandre le Grand.*
4. Cædes Euridices & Arrhidæi.	4. *Massacre d'Euridice, & Arrhideus.*
5. Præfecti Alexandri Magni, Reges.	5. *Les Prefets d'Alexandre le Grand sont des Rois.*
6. Prælium ad Ipsum.	6. *La Battaille proche de Ipsum.*
7. Pirrhus, accitus in Italiam.	7. *Pirrhus, appellé en Italie.*
8. Galli deterriti à Sacrilegio.	8. *Les Gaulois sont detournez du Sacrilege.*
9. LXX. Interpretes.	9. *Les Septante Interpretes.*
10. Cædes Berenices.	10. *Le cruel Massacre de Berenice.*

VIII. SECULUM AFRICANORUM.
MILLENARII IV. SECULVM VIII.

VIII. Le Siecle des Africains.
Du Millenaire IV. Le Siecle VIII.

1. Finis Belli Punici I.	1. *La Fin de la Guerre Punique.*
2. Antigonus Doson.	2. *Antigone Doson.*
3. Antiochi Hieracis Cædes.	3. *Le Massacre d'Antioche Hierax.*
4. Bellum Punicum II.	4. *La II. Guerre Punique.*
5. Ultima Ptolomæi Philopatris.	5. *Les derniers Avenemens de Ptolomeus Philopater.*
6. Antiochus Magnus contra Romanos.	6. *Antioche le Grand va contre les Romains.*
7. Hannibal Exul.	7. *Hannibal, contraint d'exuler.*
8. Bellum Macedonicum II.	8. *La Guerre Macedonienne II.*
9. Persecutio Antiochi.	9. *Persecution d'Antioche.*
10. Judas Maccabæus.	10. *Judas Macabée.*

IX. SECULUM MACHABÆORUM.
MILLENARII IV. SECVLVM IX.

IX. Le Siecle des Macabées.
Du Millenaire IV. Le Siecle IX.

1. Carthago & Corinthus deletæ.	1. *Les Villes de Carthago, & de Corinthe ruinées.*
2. Johannes Hyrcanus Victor.	2. *Jean Hyrcanus est victorieux.*
3. Ptolomæus Physcon pulsus.	3. *Ptolomeus Physicon chassé.*
4. Gracchorum Interitus.	4. *Perdition des Gracchiens.*
5. Cimbri, à Mario cœsi.	5. *Les Cimbres battus par Marius.*
6. Turbæ Ægiptiacæ.	6. *Troubles en Egypte.*
7. Bellum Mithridaticum.	7. *La Guerre de Mithridates.*
8. Syllæ Phiriasis.	8. *La Mal pediculaire de Sylla.*
9. Judæa, Romanorum Provincia.	9. *La Judée devient Province des Romains.*
10. Triumviratus Pompei Crassi, Cæsaris.	10. *Le Triumvirat de Pompeus Crassus, Empereur.*

X. SECULUM TURBULENTORUM.
MILLENARII IV. SECVLVM X.

X. Le Siecle des Turbulens.
Du Millenaire IV. Le Siecle X.

1. Cædes Julii Cesaris.	1. *Le Massacre de Jules Cesar.*
2. Antigonus, Judæorum Rex ultimus.	2. *Antigonus le dernier Roi des Juifs.*
3. Templum Jani clausum.	3. *Le Temple de Janus fermé.*
4. Templum Herodes instaurat.	4. *Herode fait les Reparations au Temple.*
Turbulentos sequitur	Aux Turbulens succede
Princeps Pacis, JEsus Christus	Le Prince de la Paix Jesus Christ.
&	&
5. Nativitas Salvatoris.	5. *La Nativité du Sauveur.*

MILLENARIUS SANCTUS, & PERVERSUS.

MILLENARII PRIMI, SECULA DECEM,

à Christo nato.

Le Millenaire Saint, & Pervers.

Du Millenaire Premier, Les Siecles Dix.

Depuis la Nativité de J. C.

1. Clades Variana.	*1. La Defaite Varienne.*
2. Simonis Martyrium.	*2. Le Martire de Simon.*
3. Severus, Mortis memor.	*3. Severus songe à sa Mort.*
4. Diocletianus, Hortulanus.	*4. Diocletien, Jardinier.*
5. Gallina, præ Roma.	*5. La Poule plûtôt, que Rome.*
6. Clodovæi Christianismus.	*6. Le Christianisme de Clovis.*
7. Mauritii Cædes.	*7. Le Massacre de Maurice.*
8. Rhinotmeti Ultio.	*8. La Vengeance prise sur les Coupeurs d'un Nez.*
9. Carolus Magnus Imperator.	*9. Charle-Magne, Empereur des Romains.*
10. Neustria Normannis data.	*10. La Neustrie est donnée aux Normans.*

SECULUM APOSTOLORUM.
MILLENARII I. SECULVM I.
à Christo nato.

I. Le Siecle des Apôtres.
Du Millenaire I. Le Siecle I.
Depuis la Nativité de J. C.

1. Clades Variana.	1. *La Defaite des Legions de Varus.*
2. Tiberii Simulatio.	2. *La Dissimulation de Tibere.*
3. Pilatus, Judeæ Procurator.	3. *Pilate est établi Gouverneur de la Judée.*
4. Passio Domini.	4. *La Passion de Nôtre Seigneur.*
5. Cajus Caligula occiditur.	5. *Cajus Caligula est massacré.*
6. Neronis Parricidium.	6. *Neron fait massacrer sa Mere.*
7. Excidium Hierosolimitanum.	7. *La Destruction de Jerusalem.*
8. Agricola in Britannia.	8. *Agricola dans la Grande-Bretagne.*
9. Domitiani Crudelitas.	9. *La Cruauté de Domitien.*
10. Trajani initia.	10. *Les Comencemens de Trajanus.*

SECULUM II. SANCTORUM.
MILLENARII I. SECULUM II.
à Christo nato.

Le Siecle II. des Saints.
Du Millenaire I. Siecle II.
Depuis la Nativité de J. C.

1. Simonis Martyrium.	1. *Martire de Simon.*
2. Hadriani Initia.	2. *Les Comencemens de Hadrianus.*
3. Hadriani Peregrinatio.	3. *Les Voïages de Hadrianus.*
4. Ælia Capitolina condita.	4. *Aelia Capitolina fondée.*
5. Faustianæ Puellæ.	5. *Les Filles Faustiniennes.*
6. Valentini Hæresis.	6. *L' Heresie de Valentin.*
7. Imperii, primi Collegæ.	7. *Les premiers Associez à l' Empire.*
8. Legio Fulminatrix.	8. *La Legion foudroïante*
9. Commodus, incommodus.	9. *L' Empereur Commode, tres-incommode.*
10. Severi Severitas.	10. *La Severité de Severus.*

SECULUM III. MARTYRUM.

MILLENARII I. SECULUM III.

à Christo nato.

Le Siecle III. des Martyrs.

Du Millenaire I. Le Siecle III.

Depuis la Nativité de J. C.

1. Severus, Mortis memor.	1. *Severus songe à son trêpas.*
2. Geta Divus, modo non Vivus.	2. *Geta Saint, pourvû non Vivant.*
3. Heliogabali Stultitia	3. *Les Sottises de Heliogabalus.*
4. Alexander, pronus in Christum.	4. *Alexandre incline à venerer Jesus Christ.*
5. Millesimus Romæ Annus.	5. *La Milliéme Année depuis la Fondation de Rome.*
6. Decius perit.	6. *Decius perit volontairement.*
7. Valerianus captus.	7. *Valerien est pris.*
8. Aureliani Triumphus.	8. *Aurelien est triomphant.*
9. Aper occisus.	9. *Aper est poignardé.*
10. Plures Cæsares.	10. *Plusieurs Empereurs.*

SECULUM IV. ARRIANORUM.

MILLENARII I. SECULVM IV.

à Christo nato.

Le Siecle IV. des Arriens.

Du Millenaire I. Le Siecle IV.

Depuis la Nativité de J. C.

1. Diocletianus, Hortulanus.	1. *Diocletien, Jardinier.*
2. Maxentius Victus.	2. *Maxentius Vaincu.*
3. Concilium Nicænum.	3. *Le Concile de Nice.*
4. Dedicata Constantinopolis.	4. *Dedicace de Constantinople.*
5. Constans occisus.	5. *Constant est massacré.*
6. Gallus Imperio privatur.	6. *Gallus est privé de l'Empire.*
7. Julianus perit.	7. *Julien (l'Apostate) vaincu, & tüe.*
8. Theodosius Collega Imperii.	8. *Theodose est associé à l'Empire.*
9. Gratianus, non Pontifex.	9. *Gratian refuse le Pontificat.*
10. Theodosii Excommunicatio.	10. *Theodose excommunié.*

SECVLVM V. FRANCORUM.

MILLENARII I. SECVLVM V.

à Christo Nato.

Le Siecle V. des Francs.

Du Millenaire I. Le Siecle V.

Depuis la Nativité de J. C.

1. Gallina, præ Roma.	1. *La Poule plûtôt que Rome.*
2. Pulcheria Augusta.	2. *Pulcherie Auguste.*
3. Valentinianus, & Eudoxia.	3. *Valentinien & Eudoxia.*
4. Genserici Sævitia.	4. *Les Cruautez de Genseric.*
5. Anglo-Saxones in Britanniam.	5. *Les Anglo-Saxons passent en la Grande Bretagne.*
6. Attila, Flagellum Dei.	6. *Attila, le Fleau de Dieu.*
7. Merovingi, primi Reges Francorum.	7. *Les Merovingiens, premiers Rois des Francs.*
8. Roma capta ab Herulis.	8. *Rome est prise par les Herules.*
9. Zeno Vivus sepelitur.	9. *Zenon est enseveli tout vif.*
10. Theodoricus, Ostro-Gothorum Rex.	10. *Theodoric, Roi des Ostro-Goths.*

SECVLVM VI. GOTHORVM.

MILLENARII I. SECVLVM VI.

à Christo nato.

Le Siecle VI. des Goths.

Du Millenaire I. Le Siecle VI.

Depuis la Nativité de J. C.

1. Clodovæi Christianismus.	1. *Le Christianisme de Cloüis.*
2. Seditio Constantinopolitana.	2. *La Revolte à Constantinople.*
3. Justiniani Imperium.	3. *L'Empire de Justinien.*
4. Corpus Juris.	4. *Le Corps du Droit civil.*
5. S. Benedictus, Monachorum Pater.	5. *Saint Benoit, le Pere des Moines.*
6. Tejas, Gothorum Rex ultimus.	6. *Tejas, dernier Roi des Goths.*
7. Narsetis Contumelia.	7. *L'Affront fait à Narsetes.*
8. Alboini lethale Poculum.	8. *Le Bruvage mortel d'Alboinus.*
9. Chilperici Cædes.	6. *Le Massacre de Chilperic.*
10. Anglorum Conversio.	10. *La Conversion des Anglois.*

SECULUM VIII. LONGOBARDORUM.
MILLENARII I. SECVLVM VII.
à nato Christo.

Le Siecle VII. des Longobards.
Du Millenaire I. Le Siecle VII.
Depuis la Nativité de J. C.

1. Mauritius trucidatus.	1. *Maurice massacré.*
2. Phocæ Supplicium.	2. *Le Supplice de Phocas.*
3. Fuga Muhamedis.	3. *La Fuite de Mahumed.*
4. Babylon capta.	4. *Babilonne prise.*
5. Rotharitus Legislator.	5. *Rotharit, Legislateur.*
6. Grimoaldi mala Fides.	6. *La mauvaise Foi de Grimoald.*
7. Constans, in Balneo occisus.	7. *Constans est tüe dans un Bain.*
8. Saraceni Vectigales.	8. *Les Saracins deviennent tributaires.*
9. S. Kilianus Martyr.	9. *Le Martire de Saint Kilianus.*
10. Justinianus Rhinotmetus.	10. *Justinien eut le Nez coupé.*

SECULUM VIII. GERMANORUM.
MILLENARII I. SECVLVM VIII.
à Christo nato.

Le Siecle VIII. des Allemands.
Du Millenaire I. Le Siecle VIII.
Depuis la Nativité de J. C.

1. Rhinotmeti Ultio.	1. *Vengeance prise sur les Coupeurs du Nez.*
2. Hispania sub Mauris.	2. *L'Espagne assujettie aux Mores.*
3. Iconomachia Bizantina.	3. *Brisement des Images à Constantinople.*
4. S. Bonifacius, Moguntinus Archiepiscopus.	4. *S. Boniface Archevêque de Maïance.*
5. Rachis Pœnitentia.	5. *Penitence de Rachis.*
6. Pipinus Rex Francorum consecratur.	6. *Pepin, couronné Roi des Francs.*
7. Turcæ è Portis caucasiis.	7. *Les Turcs paroissent des Portes du Mont Caucase.*
8. Desiderius captus.	8. *Desiderius est pris.*
9. Statua Arminii destructa.	9. *La Statue d'Arminius est brisée.*
10. Bigamia Constantini VI.	10. *La Bigamie de Constantin VI.*

SECULUM IX. CAROLORUM.

MILLENARII I. SECVLVM IX.

à Christo nato.

Le Siecle IX. des Charles.

Du Millenaire I. Le Siecle IX.

Depuis la Nativité de J. C.

1. Carolus Magnus, Romanorum Imperator.
2. Regnum Saracenorum divisum.
3. Leo Armenius occisus.
4. Ludovicus Pius, exautoratus.
5. Prælium Fontaniticum.
6. Divisio Lotharii.
7. Basilii Periculum.
8. Carolus Calvus moritur.
9. Carolus Crassus depositus.
10. Berengarius & Guido, Reges Italiæ.

1. *Charles-Magne, Empereur des Romains.*
2. *Le Regne des Saracins divisé.*
3. *Leon, l'Armenien est tüé.*
4. *Loüis le Pieux est privé du Regne.*
5. *La Bataille proche de Fontaine.*
6. *Lothaire I. partage son Empire.*
7. *Basile Empereur court grand danger.*
8. *Charles, le Chauve meurt.*
9. *Charles le Gras degradé.*
10. *Berengaire, & Guido Rois de l'Italie.*

SECULUM X. OTTONUM.

MILLENARII I. SECVLVM X.

à Christo nato.

Le Siecle X. des Ottons.

Du Millenaire I. Le Siecle X.

Depuis la Nativité de J. C.

1. Neustria Normannis data.
2. Henricus Auceps.
3. Urbes in Germania firmatæ.
4. Legati Hungariæ contumelia afficiuntur.
5. Ottonis Expeditio in Gallos.
6. Victoria de Hungaris.
7. Nicephorus occisus.
8. Ottonis II. Periculum.
9. Hugo Capetus Rex Francorum.
10. Sanctius major Filio.

1. *La Neustrie donnée aux Normands*
2. *Henri l'Oiseleur.*
3. *Il fortifie les Villes en Allemagne.*
4. *Aux Hongrois un Chien galeux.*
5. *Otton Empereur fait une Expedition contre les François.*
6. *La Victoire sur les Hongrois.*
7. *Nicephorus massacré.*
8. *Otton M. échape le Danger.*
9. *Hugues Capet consacré Roi de France.*
10. *Sanctius surmonte son Fils.*

MILLENARIUS STUPIDUS, & ABSOLUTE DOCTUS.

MILLENARII II. SECULA VIII.

à Christo nato.

Le Millenaire Stupide, & solidement Docte.

Du Millenaire II. Les Siecles VIII.

Depuis la Nativité de J. C.

1. Bamberga Episcopatus.	*1. Bamberg est erigé en Evéché.*
2. Henrici IV. Exautoratio.	*2. La Degradation d'Henri.*
3. Philippus cæditur.	*3. Philippe massacré par Otton de Wittelsbach.*
4. Helveticum Fœdus.	*4. La Confederation Helvetique.*
5. Teutones Praga migrant.	*5. Les Allemans delogent de Prague.*
6. Fœdus Cameracense.	*6. L'Alliance de Cambrai.*
7. Turbæ Pseudo-Demetrii.	*7. Troublez excitez par le faux Demetrius.*
8. Bellum de Successione Regnorum Hispaniæ.	*8. La Guerre rallumée à cause de la Succession à la Couronne d'Espagne.*

SECVLVM I. HENRICORVM.

MILLENARII II. SECULUM I.

à Christo nato.

Le Siecle I. des Henris.

Du Millenaire II. Le Siecle I.

Depuis la Nativité de J. C.

1. Bamberga Episcopatus. — *1. Bamberg est erigée en Eveché.*
2. Angli à Danis subacti. — *2. Les Anglois subjugez par les Danois.*
3. Conradus Salicus. — *3. Conrard Salique.*
4. Romanus suffocatur in Balneo. — *4. Romain est noïé dans un Bain.*
5. Henricus III. Justitiæ Cultor. — *5. Henri III. aime la Justice.*
6. Henricus IV. raptus. — *6. Henri IV. pensa être noïé.*
7. Guilielmus, Anglorum Conquestor. — *7. Guillaume, le Conquerant des Anglois.*
8. Henricus Comes Portugalliæ. — *8. Henry obtient le Comté de Portugal.*
9. Hermannus Luxemburgicus perit. — *9. Herman de Luxembourg perit.*
10. Jerusalem capta. — *10. Jerusalem est prise.*

SECVLVM II. SVEVORVM.

MILLENARII II. SECVLVM II.

à Christò nato.

Le Siecle II. des Suabes.

Du Millenaire II. Le Siecle II.

Depuis la Nativité de J. C.

1. Henrici Exautoratio. — *1. Henri IV. est deposé.*
2. Donatio Machtildina. — *2. Mathildis fait une Donation.*
3. Lotharius II. Saxo. — *3. Lothaire II. le Saxon.*
4. Doctores primi Juris. — *4. Les premiers Docteurs du Droit.*
5. Amor Feminarum. — *5. Rare Fidelité des Femmes envers leurs Maris.*
6. Pacis fractæ Pœna. — *6. La Peine infligée aux Infracteurs de la Paix.*
7. Mediolani Excidium. — *7. La Destruction de la Ville de Milan.*
8. Desponsatio Maris Veneti. — *8. Le Comencement de la Ceremonie, d'épouser la Mer Adriatique.*
9. Deprecatio Henrici Leonis. — *9. Henri Leon demande grace.*
10. Constantiæ Partus publicus. — *10. Accouchement public de Constantia.*

SECULUM III. AUSTRIACORUM.
MILLENARII II. SECULUM III.
à Christo nato.

Le Siecle III. des Autrichiens.
Du Millenaire II. Le Siecle III.
Depuis la Nativité de J. C.

1. Parricida Wittelsbachius.
2. Cædes Exercitus Ottonis in Italia, à Philippo.
3. Equites Ordinis Teutonici in Borussia.
4. Russia sub Tartaris.
5. Pugna Lignicensis.
6. Alphonsus Sapiens.
7. Conradini Decollatio.
8. Rudolphus, Comes Habsburgicus.
9. Vesperæ Siculæ.
10. Adolphi, & Alberti Pugna.

1. *Parricide commis par Wittelsbac.*
2. *La Defaite de l'Armée d'Otton, en France.*
3. *Les Chevaliers Teutoniques en Prusse.*
4. *Les Tartares dominent les Russiens.*
5. *La Battaille proche de Ligniz.*
6. *Alphonse, le Sage.*
7. *Conradin est decapité.*
8. *Rudolphe, le Conte de Habsburg.*
9. *Les Vêpres Siciliennes.*
10. *Bataille entre Adolphe, & Aubert.*

SECULUM V. TURCARUM.
MILLENARII II. SECULUM IV.
à Christo nato.

Le Siecle IV. des Bohemiens.
Du Millenaire II. Le Siecle IV.
Depuis la Nativité de J. C.

1. Helveticum Fœdus.
2. Bohemia ad Luzelburg.
3. Prælium ad Muhldorf.
4. Mauritanorum novus in Hispaniam Adventus.
5. Pugna ad Cresiacum.
6. Aurea Bulla Caroli IV.
7. Wenceslai Baptismus ominosus.
8. Pulveris pyrii Inventio.
9. Pugna Sempacensis.
10. Bajazethes in Cavea.

1. *La Helvetique ou Confederation.*
2. *La Boheme à Luzelbourg*
3. *La Bataille proche de Muhldorf.*
4. *Nouvelle Incursion des Mores en Espagne.*
5. *La Bataille proche de Cressy.*
6. *La Bulle d'or de Charles IV.*
7. *Le Bateme de Wenceslaus omineux.*
8. *L'Invention de la Poudre à Canon.*
9. *La Battaille proche de Sempac.*
10. *Baiazet en Cage.*

SECULUM V. TURCARUM.
MILLENARII II. SECULUM V.
à Christo nato.

Le Siecle V. des Turcs.
Du Millenaire II. Le Siecle V.
Depuis la Nativité de J. C.

1. Teutones Praga migrant.	1. *Les Etudians Allemans delogent de Prague.*
2. Hussi Combustio.	2. *La Combustion de Hus.*
3. Puella Aurelianensis.	3. *La Pucelle d'Orleans.*
4. Ladislai infantis Coronatio.	4. *Ladislas est couronné petit Enfant.*
5. Bellum Armeniacum.	5. *Incursion des Armeniens,*
6. Constantinopolis capta.	6. *La Ville de Constantinople est prise.*
7. Georgii Castriotæ Virtus.	7. *La Valeur de George Castriote.*
8. Caroli Burgundi Casus.	8. *Le Cas malheureux de Charles de Bourgogne.*
9. Maximilianus Cæsar.	9. *Maximilien, couronné Roi des Romains.*
10. Novus Orbis detectus.	10. *Decouverte du nouveau Monde.*

SECULUM VI. GOTHORUM.
MILLENARII II. SECULUM VI.
à Christo nato.

Le Siecle VI. des Docteurs.
Du Millenaire II. Le Siecle VI.
Depuis la Nativité de J. C.

1. Fœdus Cameracense.	1. *L'Alliance de Cambrai.*
2. Imperii Romani Circuli.	2. *Les Dix Cercles de l'Empire Romain.*
3. Franciscus I. captus.	3. *La Prise de François I.*
4. Christiernus II. depositus.	4. *Christiernus II. deposé de sa Roiauté.*
5. Mauritius Elector Saxoniæ.	5. *Maurice Electeur de Saxe.*
6. Henrici II. Mors in Hastiludio.	6. *Henri II. est tüé dans un Tournois.*
7. Grumbachii Supplicium.	7. *Grumbac est executé.*
8. Clades Sebastiani.	8. *Defaite de Sebastien.*
9. Maria, Regina Scotiæ decollatur.	9. *Marie, Reine de l'Ecosse est decapitée.*
10. Jaurinum captum.	10. *La Ville de Raab est prise.*

SECULUM VII. STATISTARUM, SEU POLITICORUM.

MILLENARII II. SECVLVM VII.

à nato Christo.

Le Siecle VII. des Statistes, ou Politiques.

Du Millenaire II. Le Siecle VII.

Depuis la Nativité de J. C.

1. Pseudo-Demetrii Turbæ.
2. Defenestratio Pragensis.
3. Maximilianus Elector Bavariæ.
4. Pugna Lutzena.
5. Regicidium Anglicanum.
6. Abdicatio Christinæ, Reginæ Sueciæ.
7. Victoria ad S. Gothardum.
8. Bellum Gallico-Batavum.
9. Liberatio Viennæ.
10. Pax Risvicensis, & Carolovicensis.

1. *Le Feint Demetrius excite des Troubles.*
2. *La jettée par les fenêtres à Prague.*
3. *Maximilien crée Electeur de Baviere.*
4. *La Bataille proche de Lutzen.*
5. *La Decollation de Charles Roi d'Angleterre.*
6. *L'Abdication de Christine, Reine de Suede.*
7. *La Victoire sur les Turcs à Saint Gothard.*
8. *La Guerre des François contre les Hollandois.*
9. *La Delivrance de Vienne assiegée.*
10. *La Paix de Risvvic & de Charlovviz.*

SECULUM VIII. MILITUM.

MILLENARII II. SECULVM VIII.

à Christo nato.

Le Siecle VIII. des Soldats,

Du Millenaire II. Le Siecle VIII.

Depuis la Nativité de J. C.

1. Bellum de Successione Regni Hispaniæ.
2. Victoria ad Belgradum.

1. *La Guerre pour la Succession à la Couronne d'Espagne.*
2. *La Victoire sur les Turcs sous Belgrad.*

LETTRE

Du Reverend Pere,

JEAN SEYFRID,

de la Societé de Jesus, Docteur en Theologie, & Professeur ordinaire de la dite sainte Faculté, aussi bien que des Histoires, à la tres-celebre Université de Wurtzbourg.

A Monsieur, l' Imprimeur de cet Ouvrage Historique &c.

Monsieur !

JE Vous suis infiniment obligé, Monsieur, de ce tres-utile Ouvrage Historique-Chronologique, que Vous avez eu la eu la bonté de m' addresser, sous le Tître : *Le Monde dans une Noix*, le quel vous avez pris la peine de mettre en lumiere en tres-fine Taille douce, sous la Direction de Monsieur Köhler, Professeur de l' Université d' Altorf, en y aiant ajoûté les Avenemens les plus remarquables de ce Siecle courant.

Or, je ne saurois assez loüer, ni admirer l' Invention tres ingenieuse, l' Ordre des Tems si justement calculé, & les Divisions, & Soû-Divisions si bien prises, suivant les Ages du Monde ; & la Suite des Siecles qu'on fait éclater dans ces *Tables & Figures*, & cela si compendieusement, qu'on le peut bien à juste tître nommer le vrai Noïau des Histoires, d'ailleurs si prolixement etendües par tout l' Univers dans une si petite Coque, come autrefois l' Iliade de Homere.

Mais, ce qui ne tourne pas moins à votre honneur & avantage, Monsieur, c'est c'eſt que, moïennant ces excellens Deſſeins des principaux Avenemens, ſi artiſtement, & méme ſi vivement tracez & gravez, Vous avez, come rompu la Dureté de cette Coque, à fin que les jeunes gens puiſſent plûtôt, & plus aiſément en profiter, & les Savans s' en divertir plus plaiſamment, & s' en rafraîchir la Memoire.

Ce qui m' y a plû ſur toute autre choſe, c'eſt cette ſincere Impartialité, que, malgré tant de Changemens, & Revolutions des Tems, des Nations, des Roïaumes, des Gouvernemens, & des Religions &c. l' Auteur y a fait paroitre; de ſorte, que perſonne n' y trouvera la moindre Amertume, qui puiſſe degoûter; ni Pointe qui ſoit capable de bleſſer les levres les plus delicates.

Je vous felicite donc, Monſieur, ſur l' Achevement, & la Perfection d' un ſi bon, & inblâmable Ouvrage, Vous ſoûhaihaitant de tout mon cœur le Prolongement de vos jours, en parfaite ſanté, à fin que par vos Soins infatigables, comme Vous avez deja fait en diverſes autres Tables Geographiques & Hiſtoriques, Vous puiſſiez avancer encore le Progrës de la jeuneſſe dans ſes Etudes, ſur tout, aux Vniverſitez de l'Allemagne. Je ſuis & demeure,

Monſieur,

Wurtzbourg, *ce 22. Juillet 1722.*

Le tout prêt à Vous ſervir

Jean Seyfrid, S. J.

MILL: ANTIQVVS et DELECTATVS.

Das Alte und ergötzte.

MILL. IMPIUS et INUNDATUS.
Das Gottlos und durchnetzte.

Funus Sethi
Seth wieder eine Leich,

Sepultura Enosi
Dem wird auch Enos gleich.

Nuptiæ piorum et impior
Der Bösen Eh mit Frommen,

Origo Tyrannorum
Macht daß Tyrannen kommen.

Lascivia ante diluvium
Man buhlt und schwelgt verdamt,

Noa Iustitiæ Præco
Bey Noæ Predigt-Amt.

Diluvium universale
Biß alles wird ersäufet,

Turris Babylonica.
Der Thurm steht aufgehäufet.

Initium regni Babel
Da Nimrod gros durch Jagen,

Ninus interfectus.
Ward Ninus Tod geschlagen.

II. DOCTRINA PLENUS et PERARATUS.
Das Lehrreich und durchpflügte.

MILL: PACIFICVS et OPPVGNATVS.
Das Friedlich und bekriegte

MILL: SANCTVS et PERVERSVS.
Das Heilig und verkehrte,

Clades Variana.
Der Varus Beist ins Gras,

imeonis Martyrium.
Da Simon hangend sas.

Severus mortis memor.
Severus denckt auf Sterben,

Diocletianus hortulanus.
Dioclet sprengt die Scherben.

llina præ Roma
ie Henne wird entführt,

Clodovæi Christianism.
Da Frankreich Christlich wird.

Mauritii cædes
Als man auf Moritz raaste,

otmeti ultio
l Rächer der ntnaste.

Carol. M. Imper. Rom.
Der grosse Carl wird Kaiser.

Neustria Normañis data
Norman kriegt neue häuser.

M: STVPIDVS et ABSOLVTE DOCTVS.
Das tumm und Hochgelehrte.

I. SECVLVM ABRAHAMI.

I. Das Seculum Des Abrahams.

II. SECVLVM ISAACI.
2. Des Isaacs.

III. SECVLVM IACOBI.

3. Des Jacobs.

IV. SECVLVM ATHENIENSIVM.
4. Der Athenienſer.

V. SECVLVM MOSIS.

5. Des Mosis.

VI. SECVLVM IVDICVM.
6. Der Richter.

VII. SECVLVM ARGONAVTARVM.
7. Der Schiffer.

VIII. SECVLVM TROJANORVM.
8. Der Trojaner.

Abimelech Fratricida
Der vielen Brüder Mord,

Troja ab Hercul: capta
Rafft Trojam erstlich fort.

Thesei reditus
Theseus führt schwartze Kähne.

Iair et filii ejus XXX.
Und Iair 30. Söhne.

Iudicium Paridis
Hirt Paris spricht verliebt,

Votum Iephthæ
Und Iephta ein Gelübt.

Excidium Trojæ
Das Jhn, wie Troja brennet,

Vlysses a suis agnitus
Ulysses wird erkennet.

Simson leonem discerpit
Simson den Löw trenchiret,

Alba longa condita
Und Alba aufgeführet.

IX. SECVLVM LATINORVM.
9. Der Lateiner.

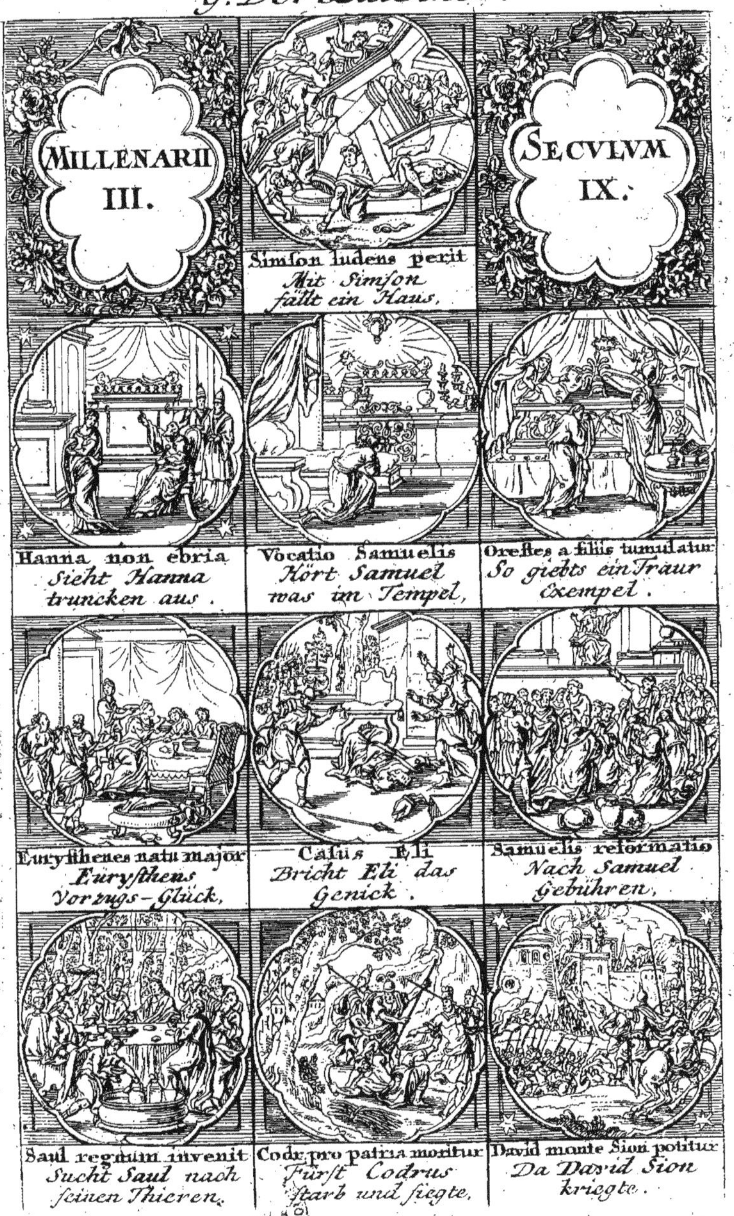

X. SECVLVM SALOMONIS.
10. Des Salomons.

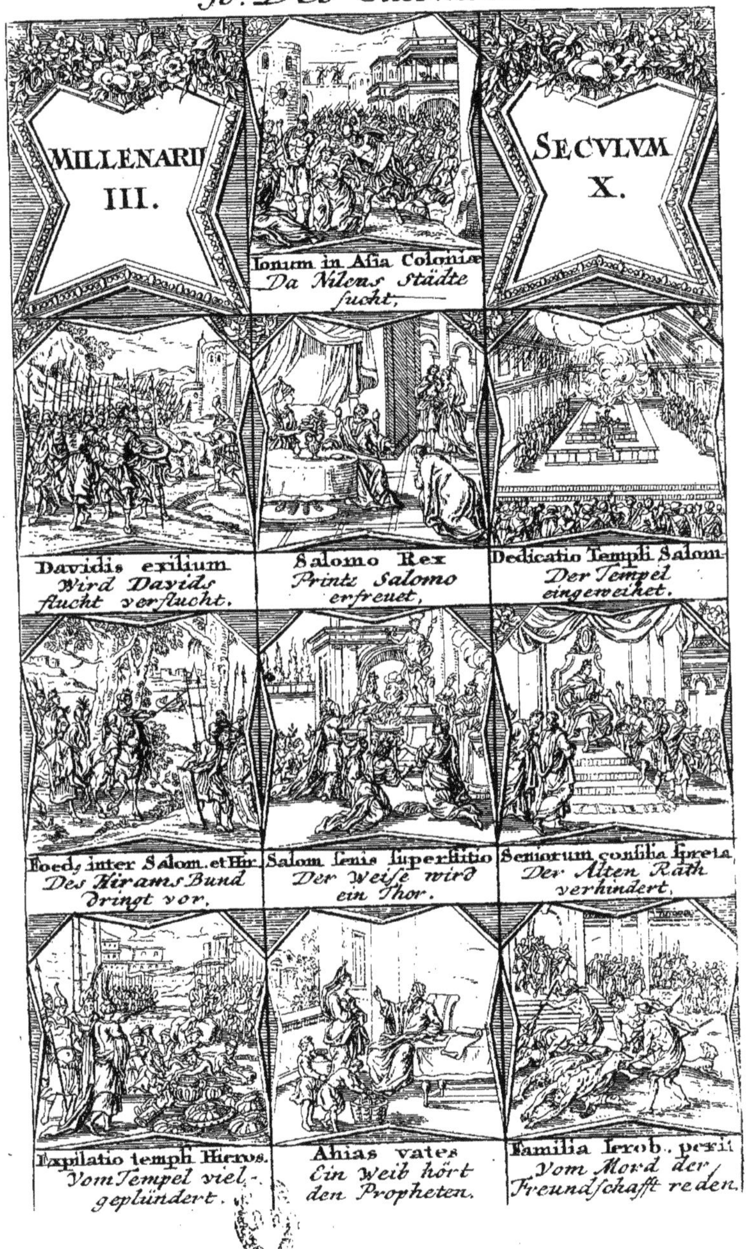

NVMMI MEMORIALES AD MILL. III.
Gedenck-Müntzen zum 3.ten Jahr-tausend.

I. SECVLVM ELIÆ.
I. Das Seculum des Eliæ.

II. SECVLVM VICTORVM IN LVDIS.

2. Der Spieler.

III. SECVLVM ROMANORVM.
3. Der Römer.

[illegible]

IV. SECVLVM SEPTEM SAPIENTVM.
4. Der 7. Weisen.

Ammon cæsus. Der Knecht Ammonis Mord,

Periander et Arion, Arion kommt zum Port,

Lex a Iosia reperta. Man lieset das gefundne,

Scytharum clades. Die Scythen sind gebundne,

Iechonias abducitur Babylonem In Babel heult der Mund,

Cyrus expositus. Dich Cyre nehrt ein Hund,

Excidium Hierosolymit. Du Salem wirst zerstöret,

Census a Servio R. institutus. Roms Ordnung wird vermehret,

Pisistrati tyrannis Athen: Pisistratus betrüget,

Cyri initia. Da Cyrus flieht und sieget.

V. SECVLVM PERSARVM.

5. Der Perser.

VI. SECVLVM RERVMPVBLICARVM.

6. Der Freyen Städte.

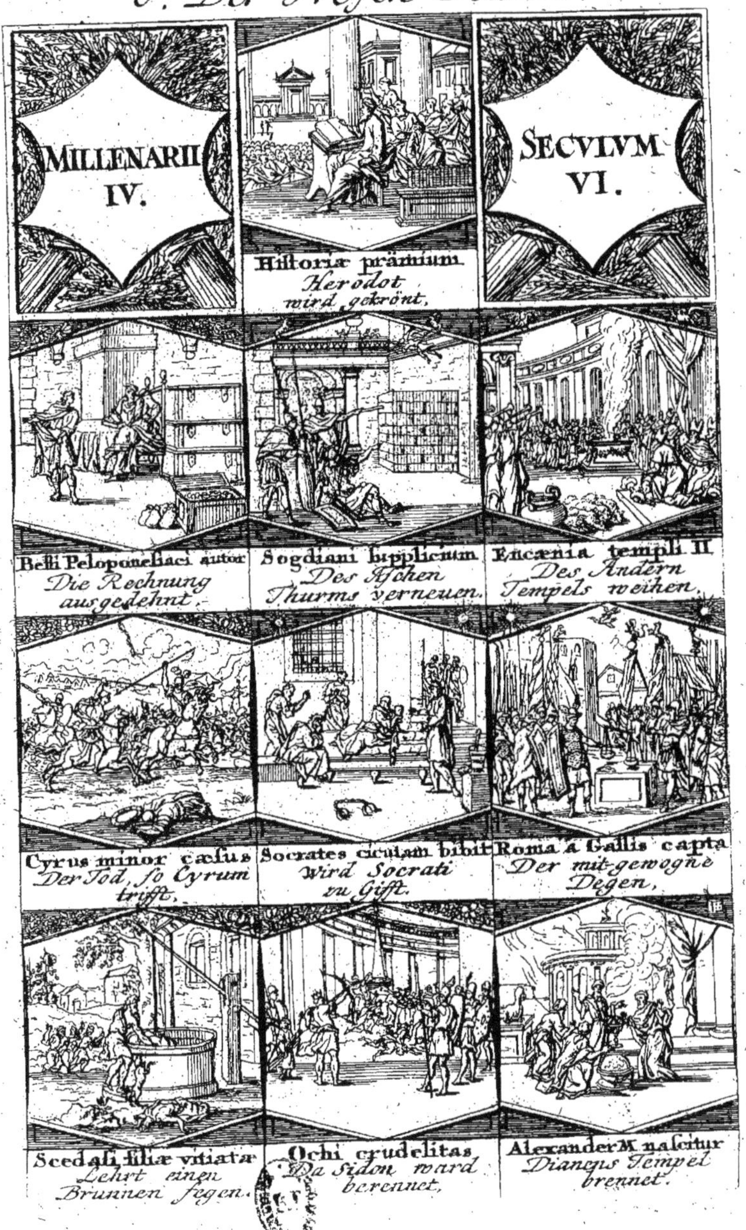

VII. SECVLVM GRÆCORVM.
7. Der Griechen.

Finis belli ſacri.
Der Heil'ge Krieger ſiegt,

Darius a Beſſo peremtus.
In dem Darius liegt,

Mors Alexandri M.
Auf Alexanders Glücke,

Cædes Euridices et Arrhidæi
Sind fertig dolch, Gift, Stricke.

Præfecti Alexandri M. Reges
Drauf theilt ſich deſſen Reich,

Prælium ad Ipſum.
Meinſt in dem letzten Streich,

Pyrrhus accitus in Ital.
Da Pyrrhus ſucht zu ſteigen.

Galli deterriti a ſacrilegio.
Will Pytho Zeichen zeigen.

LXX. Interpretes.
Die überſetzte Biebel,

Cædes Berenices.
Schlieſt Ptolemæens übel.

VIII. SECVLVM AFRICANORVM.

8. Der Africaner.

IX. SECULUM MACHABÆORUM.
9. Der Maccabär.

X. SECVLVM TVRBVLENTORVM.
10. Der Unruhigen.

Turbulentos sequitur
Princeps Pacis IESVS CHRISTVS.

Auf die Unruhigen folget
der Friede Fürst CHRISTVS IESVS.

Nativitas Salvatoris.

Nun fasse wohl zu Ohren
wann IESVS sey gebohren

NVMMI MEMORIALES AD MILL. IV
Gedenck-Müntzen zum 4ten Jahr-tausend.

SECVLVM I. APOSTOLORVM.
1. Das Seculum der Aposteln.

SECULUM II. SANCTORUM.

2. Der Heiligen.

SECVLVM III. MARTYRVM.
3. Der Märtyrer.

SECVLVM IV. ARIANORVM.
4. Der Arianer.

SECVLVM V. FRANCORVM.
5. Der Francken.

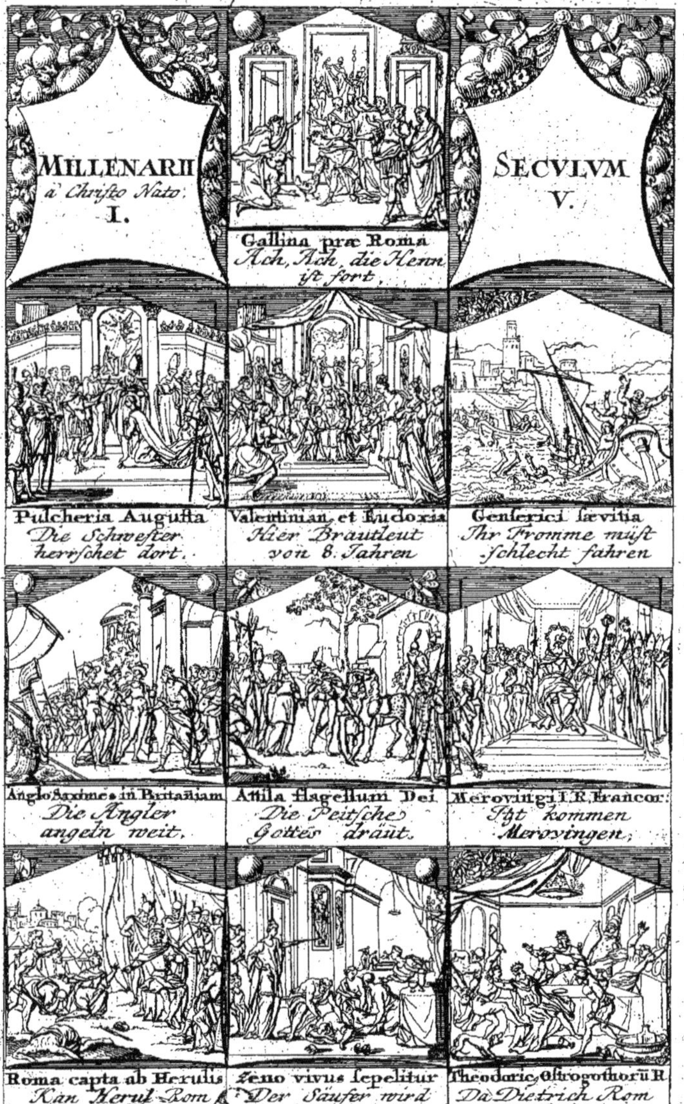

SECVLVM VI. GOTHORVM.
6. Der Gothen.

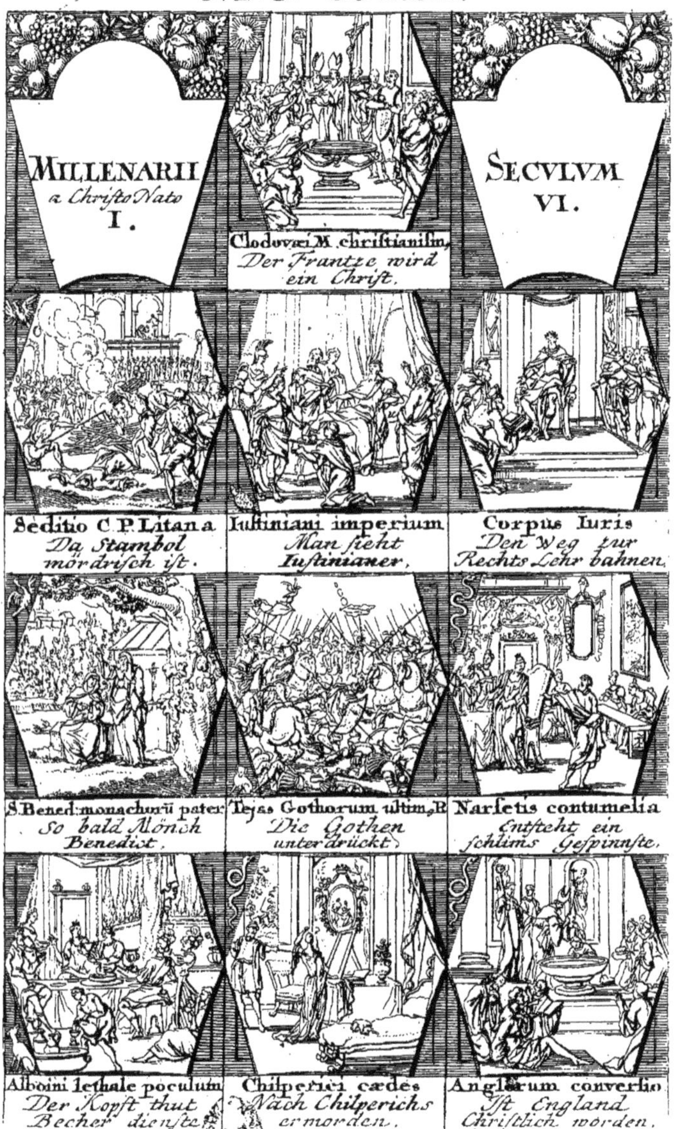

SECVLVM VII. LONGOBARDORVM.
7. Der Longobarden.

SECVLVM VIII. GERMANORVM.
8. Der Teutschen.

SECVLVM IX. CAROLORVM.

9. Der Caroler.

SECVLVM X. OTTONVM.
10. Der Ottonen.

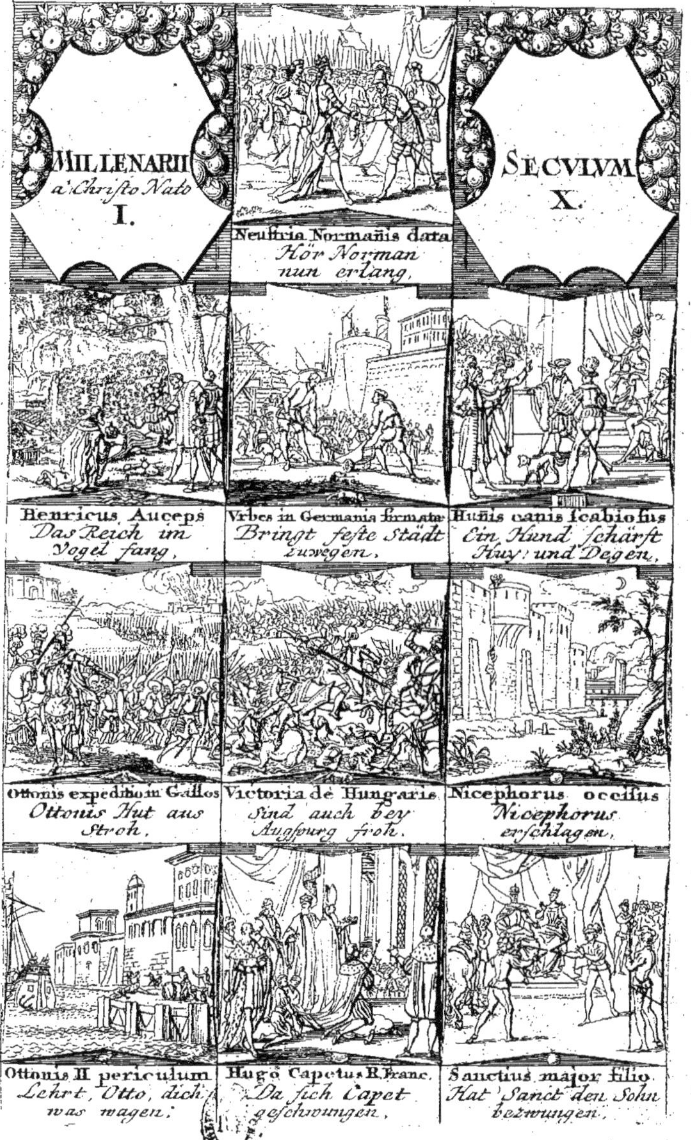

NVMMI MEMORIALES AD MILL. V.

Gedenck-Müntzen zum 5.ten Jahr-tausend.

SECVLVM I. HENRICORVM.

1. Das Seculum der Heinriche.

SECVLVM II. SVEVORVM.
2. Derer Schwaben.

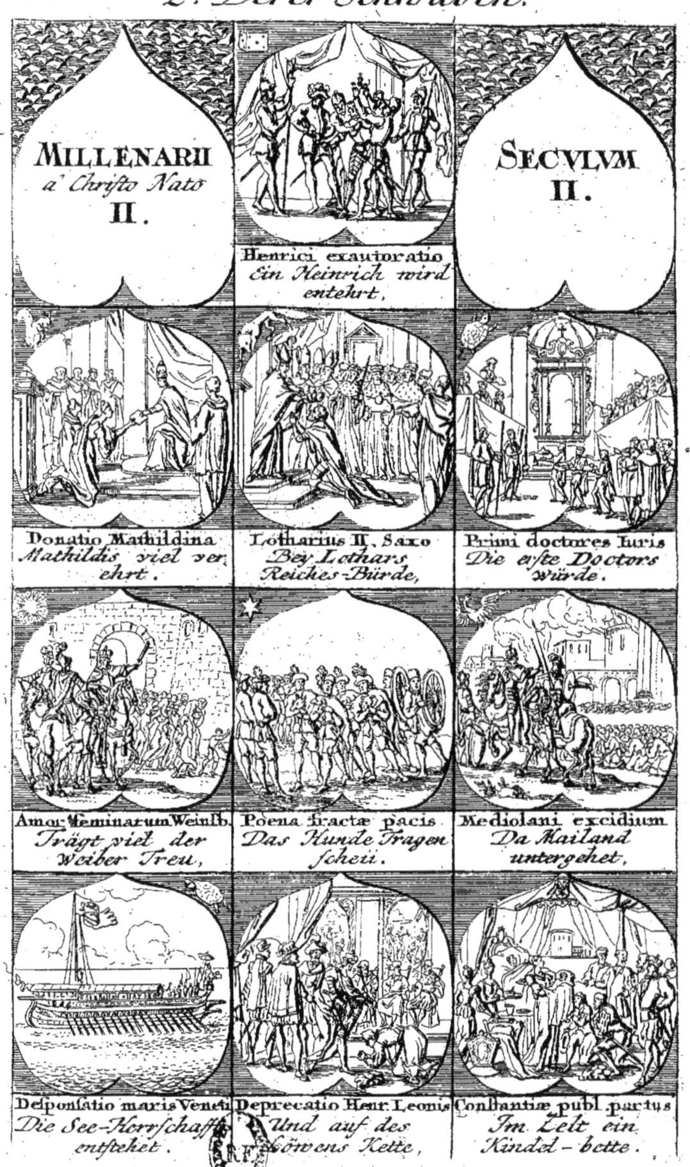

SECVLVM III. AVSTRIACORVM.
3. Der Oesterreicher.

SECVLVM IV. BOHEMORVM.
4. Der Böhmen.

SECVLVM V. TVRCARVM.
5. Derer Türcken.

SECVLVM VI. DOCTORVM.
6. Der Gelehrten.

SECVLVM VII. STATISTARVM.
7. Der Staatisten.

SECVLVM VIII. MILITVM.
8. Der Soldaten.

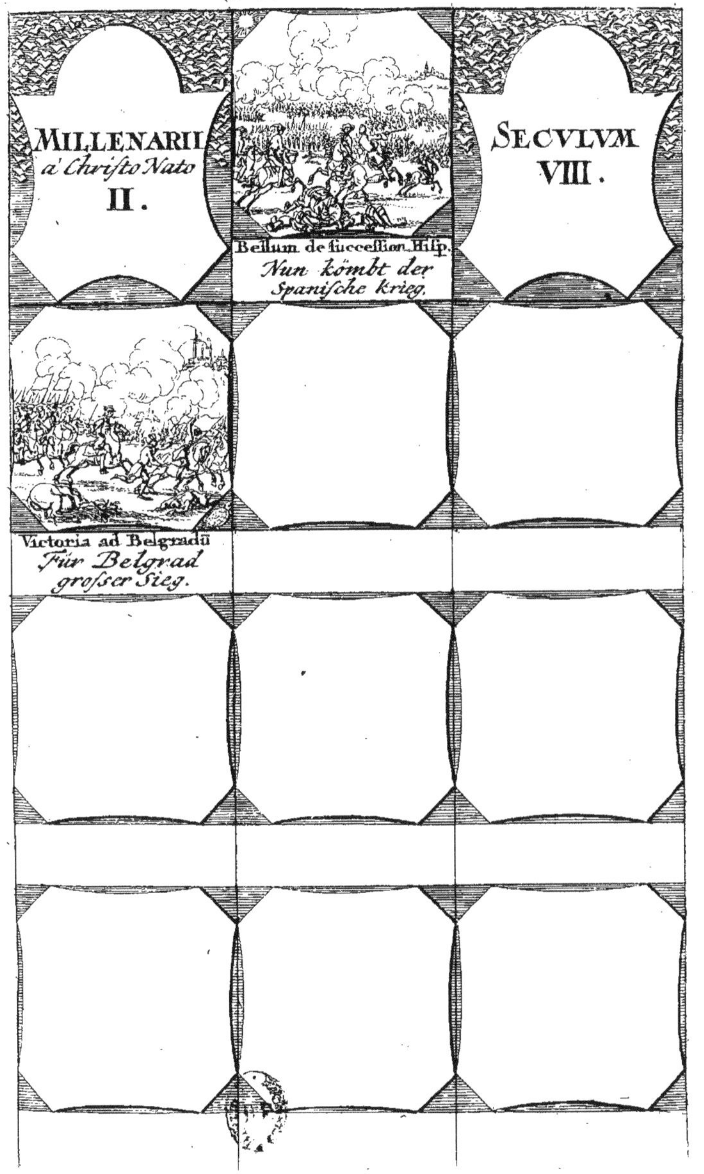

Bellum de succession. Hisp.
Nun kömbt der Spanische krieg.

Victoria ad Belgradū
Für Belgrad grosser Sieg.

NVMMI MEMORIALES AD MILL.VI
Gedenck-Müntzen zum 6ten. Jahr-tausend

OBRIS
NVCE

www.ingramcontent.com/pod-product-compliance
Ingram Content Group UK Ltd.
Pitfield, Milton Keynes, MK11 3LW, UK
UKHW021117220726
13924UKWH00004B/1771